Shobana R. Vinay
Illustrations : Oreli Gouel

LE GRAND LIVRE DU YOGA EN FAMILLE

100 postures, exercices et méditations.
Tous les bienfaits santé !

MANGO
éditions

Avant-propos

Une histoire de transmission avec plus de 10 ans d'enseignement et 20 ans de pratique

Mon origine, comme celle du yoga, est située en Inde. Naturellement mon premier contact avec le yoga a eu lieu là-bas lors d'un passage d'un maître yogi dans notre famille. Ces quelques jours d'initiation avec ce maître sont encore intacts dans ma mémoire, depuis mes 7 ans.

Il m'a également transmis cette volonté d'enseigner cette discipline aux autres. Cette initiation fut suivie, pendant plusieurs années, par des cours de yoga à l'école, qui ont renforcé ma connaissance et m'ont incité à maintenir une pratique régulière. Depuis cette époque, j'aimais pratiquer des figures de yoga comme le lotus ou le poirier, exécutées avec une adresse que j'aimais montrer à tous. Et après avoir été initiée par un maître yogi, j'ai continué une pratique plus assidue et plus sérieuse que je poursuis toujours depuis plus de 20 ans par des formations qualifiantes. Toute pratique devant être appuyée sur une base théorique solide, j'ai aussi étudié les théories et les textes les plus anciens, comme d'autres plus récents. Après quelques années d'expériences dans un monde professionnel classique, je suis retournée vers ma passion d'origine qu'est le yoga. Le souhait de transmettre aux autres les bienfaits apportés par le yoga s'est peu à peu imposé à moi. C'est donc tout naturellement que je me suis tournée vers l'enseignement et l'écriture.

Avec toutes ces années de pratique et ces nombreux cours donnés aux enfants comme aux adultes dans des cadres très différents (écoles publiques et écoles Montessori, associations et cours privés), ma façon de transmettre le yoga s'est affinée et adaptée à chaque élève. Ce livre est un aboutissement de ces années de pratique, d'apprentissage et d'enseignement. Dans le cadre de mes cours, je constate quotidiennement que mes efforts sont récompensés, par la motivation des enfants et des adultes dans l'apprentissage, qui s'accroît chaque jour. Dans le cadre d'une séance en famille, il est encore merveilleux de voir plusieurs générations le pratiquer, en se motivant et en s'aidant. Il est surtout stimulant de voir les plus jeunes s'y intéresser.

Sommaire

Introduction

Origine et définition

Le yoga : un résumé de son origine, ses spécificités, ses règles

Pour mieux appréhender dans sa totalité le yoga, il faut comprendre son histoire. Comment il est apparu, son origine et surtout les différents types de yoga.

Yoga signifie union. Le mot *yoga* est dérivé de la racine sanskrite *joug,* qui signifie « atteler » ou « unir » ou encore « jonction ». La pratique vise donc à créer une union entre le corps, l'esprit et le mental, ainsi qu'entre le moi individuel et la conscience universelle. Une telle union tend à neutraliser les pensées et les comportements motivés par l'ego, et créer un sentiment d'éveil spirituel. C'est une philosophie de vie qui recherche l'équilibre, l'harmonie entre le corps et l'esprit en privilégiant le respect de soi, par une pratique physique ancestrale venue de l'Inde.

Le yoga permet au moyen de postures simples ou complexes, associées à la maîtrise de la respiration, de maintenir une souplesse corporelle, tout en favorisant la concentration. Une pratique régulière du yoga aide à relâcher les tensions mentales, physiques pour les hyperactifs, et de rendre plus actifs ceux qui s'ennuient ou se sentent un peu moroses.

Le yoga est une pratique physique, mentale et spirituelle non affiliée à une religion qui trouve son origine dans l'Inde ancienne. Codifiée pour la première fois par le sage Patanjali dans ses *Yoga Sutras* vers le IVe de notre ère, la pratique a en fait été transmise de maître à élève bien avant l'apparition de ce texte. Traditionnellement, il s'agissait d'une transmission individuelle, mais depuis que le yoga est devenu populaire en Occident au XXe siècle, les cours collectifs sont devenus la norme.

Nos ancêtres qui vivaient dans les forêts, dans les montagnes, sous la pluie, au soleil ont observé la nature et voulaient parfois se protéger de ses dangers. Pour survivre dans un environnement précaire et parfois hostile, ils ont expérimenté des techniques de respirations, des postures d'imitation d'animaux. Ensuite, pour maîtriser son esprit par la concentration, nos ancêtres ont expérimenté les techniques de méditation. Toujours en Asie, une population ancienne utilise une pratique issue du yoga lui permettant d'aller dans les profondeurs de l'océan pour pêcher en bloquant sa respiration plus de trois minutes. Grâce à cette technique, certains yogis paraissent morts aux yeux des prédateurs pour ne pas être mangés.

De nos jours, il y a de grandes confusions entre les différents types de yoga. Un petit récapitulatif s'impose donc.

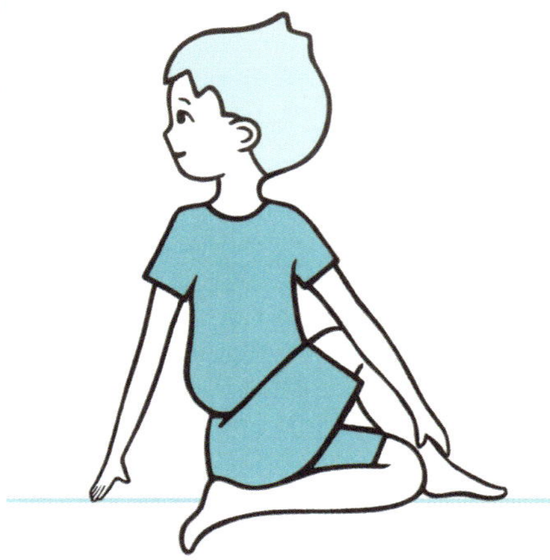

Les quatre grandes voies

À l'origine, on distingue dans le yoga quatre grandes voies, qui pour certaines se subdivisent encore.

- Le **Hatha yoga** est la maîtrise de la respiration, amenant au contrôle du mental et du corps (c'est le yoga qui est décrit dans ce livre).
- Le **Laya yoga** est basé sur l'écoute de son intérieur. Il se subdivise en quatre autres branches :
  - Le **Bhakthi yoga** est la dévotion qui amène à la domination de soi par l'amour divin.
  - Le **Shakthi yoga** est la maîtrise de l'énergie cosmique et des forces de la nature.
  - Le **Mantra yoga** est basé sur la vibration des sons.
  - Le **Yantra yoga** est basé sur les mouvements du corps et l'utilisation des figures géométriques représentant le monde.
- Le **Dhyana yoga** est basé sur la méditation qui conduit au contrôle du processus de la pensée.
- Le **Raja yoga** est basé sur différents procédés de concentration. Il se subdivise en quatre autres branches :
  - Le **Jnana yoga** : basé sur la recherche de la connaissance intellectuelle.
  - Le **Karma yoga** : basé sur la maîtrise de l'activité quotidienne détaché de tout objectif personnel, sans soucis de résultats.
  - Le **Kundalini yoga** : basé sur l'éveil de la force psycho-physique à la base de la colonne vertébrale.
  - Le **Samadhi yoga** : suprême concentration qui mène à l'éveil.

Les huit piliers

Quelle que soit la voie choisie, on retrouve toujours les huit mêmes règles (ou piliers). Elles sont nommées **Ashtanga Yoga.** En sanskrit, *ashta* signifie huit, et *anga* signifie membre (ou piliers).

Les quatre premières (yama, niyama, asana, pranayama), appelées **antaranga**, signifient internes.
La cinquième est appelée **pratyahara**. Elle relie les quatre premières internes aux trois dernières (dharana, dhyana, samadhi), appelées **bahiranga**, signifient externes.

Yama (abstinences)

Ce sont les cinq règles de conduite envers les autres, les éthiques de comportement, la morale universelle et les principes de vie en société.

- **Ahimsâ :** la non-violence en pensée, en parole et en action, conduisant à l'amour inconditionnel (utilisé par Gandhi par exemple).
- **Satya :** la sincérité, la véracité. Être vrai en toutes circonstances, voir les choses telles qu'elles sont sans passer par le filtre déformant de nos préjugés.
- **Asteya :** l'honnêteté, le non-vol (abstention de s'approprier indûment les biens d'autrui).
- **Brahmacarya :** la modération de nos désirs, le contrôle des sens.
- **Aparigrahâh :** l'absence d'avidité, du désir d'acquérir, le détachement. En gros, l'utilisation du strict nécessaire, sans esprit de possession.

Niyama (observances)

Il s'agit des cinq règles de conduite envers soi-même. Lors des pratiques personnelles, on s'applique à suivre ses lignes de conduite, à se discipliner et à se mesurer dans la pratique quotidienne.

- **Sauca :** la propreté, la purification externe et interne (honnêteté).
- **Santosa :** le contentement, la joie intérieure, l'équanimité en toutes circonstances.
- **Tapas :** le zèle dans la quête spirituelle, l'autodiscipline, l'austérité, l'ascèse.

- **Svâdhyâya :** l'étude de soi et des textes conduisant à la connaissance du Soi.
- **Ssvara pranidhânâ :** l'abandon de soi au Soi suprême, à la réalité intemporelle, à l'origine de toutes choses.

Asana (postures de yoga)

Il s'agit de la pratique des postures, qui sont réalisées de manière stable (sthiram), confortable (sukham) et aisée (asanam). Sa définition moderne englobe toutes les pratiques de yoga physique.

Pranayama (différents exercices de respiration)

Ce mot signifie « rester conscient de la respiration ». C'est le contrôle du *prana* (du souffle) par les exercices de respiration.

Pratyahara

On le traduit en général par « retrait des sens ». Dans la société contemporaine, nos cinq sens (vue, odorat, goût, ouïe et toucher) sont stimulés en permanence. Pratyahara nous amène vers les sixième et septième piliers du Yoga *Dharana* (la concentration) et *Dhyana* (la méditation), en « protégeant » le mental de toute agitation d'origine extérieure afin de l'apaiser en nous entraînant à rester sur le moment et le lieu présent.

Dharana (concentration et détermination)

Il s'agit de garder l'esprit concentré, fixé sur un point. La concentration peut sembler aller de soi dans la pratique du yoga. La pratique des postures et la prise de conscience de son corps demandent en effet beaucoup de concentration. Il faut être capable de rester focalisé sur un point – qui peut être un objet, sa respiration ou sur un endroit de son corps pour bien réaliser les postures.

Dhyana (méditation profonde)

La pratique de la méditation nous apprend à être ancré dans le présent, sans se perdre dans le passé ou se projeter dans le futur. On cherche à s'engager totalement dans ce que l'on est en train de faire.

Samadhi (absorption)

C'est ce que l'on appelle l'éveil. C'est un état de grâce, c'est toucher et faire corps avec la nature. Le « je » n'existe plus ; il ne reste que l'union dans l'absolu.

Les styles récents

Aujourd'hui on voit se multiplier différents styles de yoga. Ils sont des dérivés ou des simplifications, ou encore des adaptations pour le monde actuel, un peu comme un plat culinaire étranger qui serait adapté au palais français. Voici quelques exemples :

- le **Iyengar yoga** est pratiqué avec des supports ;
- le **Bikram yoga** est réalisé dans une pièce chauffée ;
- le **Vinyasa yoga** est un enchaînement intense et dynamique des figures ;
- le **Yoga du rire** est basé sur les bienfaits que le rire apporte à l'ensemble du corps.
- Puis viennent les plus adaptés aux usages modernes comme le **chaise yoga** pratiqué avec une chaise, l'**aqua yoga** pratiqué dans l'eau, le **tapis yoga** pratiqué sur un tapis, le **rope yoga** pratiqué avec une corde, l'**air yoga** pratiqué suspendu au plafond, etc.

Concentrons-nous sur le yoga abordé dans cet ouvrage : le **Hatha Yoga**. Il se pratique en se concentrant sur la respiration, par une prise de conscience de son corps et de son esprit. En restant concentré sur le moment présent, en étant en pleine conscience et en état méditative avec une forte détermination à réussir la posture pour être en bonne santé physique et mentale.

Pourquoi pratiquer le yoga ?

Dans le monde actuel, les réseaux sociaux, les nouvelles technologies, la situation sanitaire et le manque de communication directe et personnelle ont pour effet de causer du stress dès le plus jeune âge. Ce stress affecte aussi bien notre physiologie que notre psychologie. Nous sommes tous soumis à différentes formes de stress résultant d'une vie riche en activités qui sollicitent constamment notre mental et notre physique.

Le yoga agit point par point sur les mécanismes du stress : la tension, la respiration, le métabolisme, la fréquence cardiaque et les sécrétions endocriniennes. Le corps retrouve ainsi plus vite son équilibre et s'use moins. Cela facilite la capacité de rebond aussi bien du corps que de l'esprit.

En associant la concentration sur le corps et sur l'esprit, le yoga est une discipline unique. La composante corporelle est prise en charge avec une série de postures, conçues pour éliminer les blocages dans le système circulatoire et s'assurer que tout se déroule au rythme régulier attendu. Les muscles travaillent et se renforcent très efficacement peu à peu. Le système lymphatique est donc pompé, le corps devient beaucoup plus efficace pour éliminer les déchets. Ainsi les yogis réguliers peuvent s'attendre à avoir un système immunitaire considérablement amélioré et à mieux combattre les infections et les maladies que les non yogis.

Les yogis analysent aussi mieux une situation ; émotions de peur, de panique, d'angoisse, d'anxiété, de paralysie, de sentiment d'incompétences, d'impression de ne plus pouvoir y arriver, s'amenuisent. Au contraire, ils se connectent à un sentiment de calme, de joie, d'espoir, de confiance, qui les oriente vers les meilleures solutions qui bien souvent s'imposent alors d'elle-mêmes.

Le yoga peut être pratiqué par tous. Plusieurs variations aux postures de yoga s'adaptent à la souplesse, à la corpulence et à l'âge de chacun. Peu coûteux, le yoga nécessite juste de la volonté et de la discipline dans la régularité.

Il encourage également à adopter un mode de vie sain. La discipline et la conscience de soi sont en effet des éléments clés que chaque praticien devrait connaître et respecter aussi bien lors de la pratique du yoga qu'au quotidien.

Pourquoi ce livre ?

Deux raisons principales. La première vient de mon expérience auprès des enfants dans les écoles. Chaque fois que je commençais une nouvelle séance, je leur demandais ce que le yoga représentait pour eux. Spontanément, ils me répondaient que c'était la « mudrâ de la concentration » en l'air et dire « Oooommmm ». Devant cette confusion, je devais apporter une clarification.

La deuxième raison est que même juste dans son approche physique, sans sa dimension religieuse ou spirituelle, le yoga apporte des bienfaits physiologiques. Pourtant mon enseignement dans les écoles privées catholiques fut incompris par une minorité de parents qui associaient le yoga à une pratique religieuse. Ce qui n'est pas le cas. Bien au contraire.

Ce livre illustre ainsi le lien entre les postures de yoga et leurs bienfaits physiologiques et psychologiques. Rien qu'en observant une planche anatomique on peut comprendre quels organes sont affectés par le stress. L'œil, la sécrétion salivaire, la fonction intestinale, la fonction de reproduction, la fonction cardiaque, la fonction respiratoire, la fonction d'élimination et la fonction immunitaire sont quelques systèmes concernés par nos émotions négatives. Les effets, parmi d'autres, sont le trouble sur la psychologie, la dépression nerveuse ou encore des troubles sur la physiologie comme le sommeil, la tension artérielle, etc. La pratique du yoga permet d'agir de façon spécifique sur ces troubles.

La composition du livre

Le livre se découpe en deux chapitres. Le premier traite des grands systèmes du corps humain auxquels sont associés des postures. Le deuxième se focalise sur des organes ou des parties du corps et les postures qui permettent d'améliorer leur fonctionnement.

Pour chaque système ou organe, les postures sont classées selon leur importance et leur priorité. Mais cela ne signifie pas qu'il faut se restreindre à cinq exercices de yoga ! J'ai choisi de mettre les plus emblématiques, mais vous pouvez aller plus loin dans votre pratique si vous le souhaitez.

Dans cet ouvrage, les postures sont variées. Elles vous permettent de pratiquer l'équilibre, la torsion, la flexion avant/arrière de la colonne vertébrale, renforcent les jambes et les bras. L'ensemble des rubriques consiste en des mélanges de postures dynamiques, de postures statiques avec des flexions et des torsions, de mudrâs, de méditations, d'exercices de relaxation, respiratoires et de concentration.

Pour chaque système du corps humain, vous trouverez un exercice de respiration, une technique de méditation et des postures. Vous pourrez toujours suivre une séance parfaitement équilibrée composée d'un échauffement, d'un exercice de respiration, d'une méditation, de postures puis de détente. Ce livre est un véritable guide permettant de renouveler sa pratique tout en s'assurant du bon déroulement de celle-ci. Quand vous pratiquez en famille, le parent n'a plus qu'à se laisser porter et à pratiquer en toute sérénité aux côtés de son enfant.

Ce livre, en plus de décrire les postures, donne également les explications et les bienfaits principaux qui y sont liés – dont des adultes et des enfants yogis pourraient témoigner !

Les bienfaits de la pratique régulière du yoga

Il est possible de débuter la pratique du yoga à tout âge. Les enfants comme les adultes tirent d'énormes avantages de cette discipline. Physiquement, il améliore la flexibilité, la force et la coordination entre le corps et le mental par une meilleure prise de conscience de soi et du monde qui nous entoure. Avec le yoga nous pouvons aussi sculpter et aligner les os de notre corps. De plus, notre concentration, le sens du calme et de la relaxation s'améliorent. Grâce au yoga, nous découvrons notre corps, nous le soignons nous-même par de la prévention ou après une maladie par exemple.

• Facilite l'absorption des nutriments

Une bonne circulation sanguine et une bonne digestion facilitent l'absorption des nutriments, ce qui améliore votre santé globale. L'absorption des nutriments aide à effectuer des fonctions vitales dans le corps. Dans le monde actuel, certains modes de vie peuvent entraîner de nombreux troubles tels que le dysfonctionnement thyroïdien, l'obésité, etc. Une séance de yoga peut faire partie d'une routine saine dont il a été prouvé qu'elle nous éloigne de ces maladies.

• Améliore la digestion

Les postures aident à masser les intestins, ce qui améliore la digestion et lutte conte la constipation. Votre appétit peut donc augmenter.

• Favorise une circulation sanguine saine

Les postures inversées (la tête vers le bas ou sur la tête) stimulent la circulation sanguine de la partie supérieure du corps et assure une meilleure oxygénation des cellules de votre organisme. Votre système lymphatique est ainsi bien drainé. Cela aide à réduire la sensation de jambes lourdes et à résoudre les problèmes de tension artérielle.

• Améliore la flexibilité

Les muscles de vos mollets, de vos jambes, les ischio-jambiers et votre dos s'étireront tous comme il faut grâce à des postures debout, assises, en équilibre, en flexion à l'avant, à l'arrière et la torsion. Il en sera de même pour votre cou, vos épaules, vos bras et vos hanches lorsque vous pratiquerez les postures comme la chandelle, la charrue, le cobra, l'otarie, la roue, etc. Avec le temps, vous gagnerez en souplesse et flexibilité. La pratique régulière peut aussi aider à guérir les douleurs chroniques du dos en musclant ses muscles.

• Soulage la douleur

Le travail des muscles du bassin aide à renforcer les organes reproducteurs, et à soulager les crampes menstruelles. Faire travailler doucement les articulations grâce aux postures est également bénéfique pour ceux qui souffrent d'arthrite ou de fibromyalgie. Pratiquée régulièrement certaines postures peuvent atténuer les crampes dans les jambes. En raison de son effet sur la cirulation, il aide à soulager et à prévenir les maux de tête, en particulier ceux causés par une mauvaise circulation sanguine.

Réduit le stress et l'anxiété

La relaxation assise, sur le dos et sur le ventre aident à calmer son esprit et à lâcher prise. Les exercices de respiration profonde ralentissent votre rythme cardiaque et laissent votre système nerveux parasympathique prendre le dessus. L'avantage est qu'en restant immobile vous pouvez maîtriser votre esprit et vous concentrer sur votre respiration.

Réduit les sautes d'humeur et apporte une stabilité émotionnelle

Des techniques de respiration profonde avec des postures spécifiques procurent une grande relaxation aux cellules nerveuses. Cela peut avoir un impact positif sur le fonctionnement du cerveau. Plus précisément, elles vous aident à équilibrer les côtés droit et gauche du cerveau. Cela vous confère plus de stabilité émotionnelle et augmente votre créativité et votre capacité mentale.

Améliore l'éclat de votre peau

Une belle peau éclatante est le résultat d'une bonne circulation sanguine, d'une bonne digestion, de relaxation et d'un bon sommeil. Trois choses que favorisent le yoga.

Les conseils

Le bon déroulement d'une séance

La règle principale est que quelles que soient les postures ou les exercices de respiration, vous ne devez pas vous forcer. Vous pouvez adapter les postures selon la souplesse de chacun sans trop les dénaturer. Écoutez votre corps et ses limites, en essayant peu à peu de les dépasser sans vous faire mal. Réalisez les postures dans le silence et avec plaisir. Pour une bonne pratique et un meilleur résultat, pratiquez les postures en évitant la période de digestion. Attendez au moins une heure ou deux après avoir mangé, ou terminez votre pratique 15 minutes avant de manger. Pour une bonne détente, relâchez les muscles sans aucune contraction. La méditation doit se faire dans une position confortable avec le dos droit.

Les parents peuvent essayer les postures une fois, pour mieux les pratiquer en famille et les expliquer aux enfants. Essayez de comprendre le principe des techniques des postures, de la méditation, de la détente et surtout vous adapter aux niveaux des enfants. Quant aux exercices de respiration, laissez les enfants les réaliser à leur rythme.

Selon vos besoins, une musique douce favorisera la concentration. Commencez par exemple par un exercice d'assouplissement ou des échauffements ou un enchaînement des postures comme la salutation au soleil et à la lune pour préparer le corps. Puis continuez avec un exercice de respiration (avec ou sans méditation, avec ou sans mudrâ). Poursuivez par plusieurs postures de yoga. Vous pouvez ajouter des postures ludiques et en équilibre pour les enfants pour bien animer la séance et terminer par une relaxation de tout le corps. Chaque posture apporte plusieurs bienfaits, qui peuvent toutefois être classés en deux catégories : l'amélioration de l'état mental et psycho-émotionnel ; les bienfaits physio-moteurs.

Pourquoi faire du yoga avec son enfant ?

Dans notre monde moderne, les enfants sont soumis à différentes formes de stress résultant d'une vie riche en activités qui sollicitent constamment leur mental et leur physique. Pratiquer le yoga en connaissant ses bienfaits pour le corps leur apprend à se concentre de manière régulière, à se détendre, à relâcher leurs tensions tout en améliorant leur motricité et leur sens de l'équilibre. Nos enfants vivent souvent coupés de leur environnement naturel. Les postures de yoga inspirées des animaux et de la nature leur permettent de recréer un lien avec elle.

Commencer le yoga dès le plus jeune âge ne présente que des avantages : il améliore la souplesse et la force tout comme la coordination entre le corps et le mental. Il permet une meilleure prise de conscience de soi. Il améliore aussi la concentration et la capacité à se calmer et se relaxer.

Avec leur souplesse naturelle et leur sens de l'équilibre, les enfants adoptent les postures avec beaucoup de facilité et progressent rapidement. Beaucoup d'enfants sont par nature aventureux, tout ce dont ils ont besoin est un peu d'encouragement et de pratique régulière. Ce sont de grands imitateurs et s'ils vous voient en train de pratiquer vos *asanas* régulièrement, ils voudront se joindre à vous.

Votre enfant peut commencer le yoga sous forme d'exercices ludiques et amusants dès l'âge de 3 ans. Ils apprécient la pratique du yoga car les postures imitent souvent les animaux. Elles peuvent alors être combinées avec des bruits, ce qui leur plaît particulièrement.

Privilégiez des séances courtes et régulières. Même avec peu de temps, vous en ressentirez les bienfaits. Une séance complète de yoga en famille peut durer entre 30 minutes et 1 h 30 au maximum, selon l'âge des enfants. Mais selon vos envies, les besoins du moment ou ceux de vos enfants, vous pouvez choisir de ne faire que la méditation, la détente ou l'exercice de respiration, d'une durée de 10 à 30 minutes. Les adultes peuvent commencer à faire les postures pour donner envie aux enfants (parfois c'est l'inverse !). En cas d'agitation ou de manque de concentration, réalisez quelques postures le matin ou le soir ou juste des exercices de respiration, de méditation ou/et de détente (pour les enfants avant les devoirs ou le coucher par exemple). L'important est de pratiquer en famille dans un moment de partage et de manière ludique.

Vous pouvez d'abord prendre un temps pour encourager votre enfant à se concentrer sur sa respiration assis, au calme (maximum 3 minutes). Puis, faites-lui reproduire les postures. Il développera son imagination et profitera des nombreux bienfaits du yoga. Terminez par quelques minutes de détente avec la posture du zen (allongé sur le dos ou le ventre, voir p. 57).

Élaborez votre programme en fonction des spécificités des postures, selon les besoins et les envies de votre enfant. Aidez-le à adopter la bonne position sans pour autant forcer son corps. Répétez chaque posture trois fois ou trois fois de chaque côté (dans ce cas, alternez). Essayez de l'encourager à aller légèrement au-delà de sa limite (aussi valable pour les adultes).

L'enfant peut fermer les yeux pour certaines postures, cela l'aidera à se concentrer sur ses ressentis. S'il ne comprend pas ce qu'est la concentration, demandez-lui d'observer sa respiration (elle passe par la bouche ou les narines). Comme il n'y a pas de limite pour l'imagination, inventez des histoires avec des postures. Abordez avec lui aussi les bienfaits physiologiques et psychologiques, pour mieux maîtriser son corps et son esprit.

LES DIFFÉRENTS EXERCICES QUI PEUVENT COMPOSER UNE SÉANCE POUR UNE BONNE PRATIQUE DE YOGA

ÉCHAUFFEMENT

Ces exercices ne préparent pas seulement le corps à la pratique du yoga, mais aident aussi au maintien de sa bonne souplesse en « huilant » les articulations, un peu comme pour une machine. Ils préparent les muscles et les articulations à la réalisation des postures. Ils peuvent être faits de manière détendue et tout en souplesse, sans forcer, et s'appuyer sur un peu d'imagination. Par exemple, effectuer un mouvement de la tête pour mimer « oui », « non » ou « peut-être », etc.

- BIENFAITS -

Les échauffements permettent de préparer le corps à la pratique des figures simples de yoga sollicitant les muscles et les articulations du cou, des bras, des jambes et des genoux. Ils assouplissent la colonne vertébrale, les articulations, préparent les muscles et les membres à des étirements inhabituels.

RESPIRATION

Utilisez si nécessaire un tapis ou une couverture repliée pour vous asseoir. Maintenez la colonne vertébrale bien droite et cambrez le bas du dos, si nécessaire, afin de tenir assis pendant une longue période (sinon, asseyez-vous contre un mur, pour avoir le dos bien droit pendant les exercices assis). Pour commencer, respirez calmement par le nez en vous concentrant sur la respiration (sur l'air entrant et sortant des narines), puis suivez les explications de l'exercice. Fermez les yeux pour une meilleure concentration si vous en ressentez le besoin, sauf s'il vous est demandé de les garder ouverts. Les techniques de respiration s'appellent le *pranayama*.

- BIENFAITS -

Les exercices de respiration permettent de préparer le mental pour mieux se détendre, se concentrer et apprendre. De plus, pour méditer et être bien détendu, il faut être concentré et savoir bien respirer. Afin que l'enfant soit attentif pendant les exercices de respiration, les positions sont expliquées de façon amusante, en s'inspirant des animaux ou des éléments de la nature.

MÉDITATION

Utilisez si nécessaire un tapis ou une couverture repliée pour vous asseoir, ou une chaise. Maintenez la colonne vertébrale bien droite et cambrez le bas du dos si nécessaire, afin de tenir assis pendant une longue période (ou asseyez-vous contre un mur, pour avoir le dos bien droit). Relâchez les épaules, le cou et la mâchoire. Respirez calmement par le nez, en vous concentrant sur la respiration (sur l'air entrant et sortant des narines). Toutefois comme ce n'est pas un exercice de respiration, respirez naturellement sans contrôle ni blocage. Fermez les yeux pour une meilleure concentration si besoin, sauf s'il vous est demandé de les garder ouverts. Le maintien de cette position pendant une à trois minutes est suffisant pour les enfants en bas âge, et jusqu'à cinq minutes pour les plus grands. Mettez une musique douce lors de ces exercices si l'enfant est demandeur.

- BIENFAITS -

Liant concentration et respiration, les mudrâs (« sceau » en sanskrit) ressemblent à un yoga des mains. Ils équilibrent les éléments du corps, composé, comme l'univers, des cinq éléments. Chacun des doigts est associé à un élément : le pouce correspond au feu, l'index à l'air, le majeur à l'espace, l'annulaire à la terre et l'auriculaire à l'eau. De la même façon, chaque partie de l'intérieur de la main, ou zone de réflexe, est associée à un organe. En appuyant avec un élément représenté par un doigt sur les zones de réflexes, nous interagissons avec une partie ou un organe du corps.

POSTURE

Exécutez les postures correctement, mais faites attention à ne jamais forcer. Les corps des enfants, comme tous leurs os et leurs muscles, sont encore en pleine croissance. Adaptez la posture à votre âge ou à celui de votre enfant, à son intérêt et sa souplesse. Il est conseillé de répéter chacune des postures trois fois et, si l'exercice le préconise, de reprendre la figure trois fois par côté en alternant le sens !

- BIENFAITS -

Vous trouverez dans cette partie les principales postures de yoga, décrites pas-à-pas, ainsi que des figures plus avancées. Les figures debout développent la concentration nécessaire au maintien de l'équilibre. En flexion, elles assouplissent les muscles et les articulations. Les positions prenant appui sur les mains renforcent les bras, les poignets et les épaules. Celles la tête vers le bas favorisent l'irrigation du cerveau. Avec les jambes écartées, elles aident à renforcer celles-ci et à ouvrir le pelvis. Les postures sont nommées à l'origine selon leur ressemblance à des objets ou des animaux, ou encore des éléments de la nature. Les traductions sont les noms d'origine, mais dans cet ouvrage certaines ont été changées pour une meilleure mémorisation.

DÉTENTE

Ici, on cherche à renouer avec des gestes simples mais parfois très bénéfiques. Ces séances peuvent être effectuées à n'importe quel moment de la journée, dans un endroit calme, allongé sur le dos, sur le ventre ou encore assis. Avec un enfant, le parent peut être à ses côtés pendant ces exercices en parlant calmement, avec les doigts parcourant lentement et entièrement chaque partie du corps décrite ci-dessous. Vous, ou l'enfant, devez-vous concentrer sur les parties du corps parcourues et qui doivent être en même temps être nommées (et/ou racontées). Le parent peut décrire poétiquement chaque partie du corps de l'enfant, dans une ambiance détendue. Adaptez la technique décrite à la position.

- BIENFAITS -

Les exercices de détente de cet ouvrage s'organisent autour du toucher, de la parole et de la visualisation mentale de vos parties du corps. Les postures de détente aident à déstresser, à apaiser le mental et à refaire le plein d'énergie. La concentration est une notion abstraite pour les enfants, ils l'appréhenderont donc plus facilement aidés par le toucher.

LE YOGA ET LES 10 DIFFÉRENTS SYSTÈMES DU CORPS HUMAIN

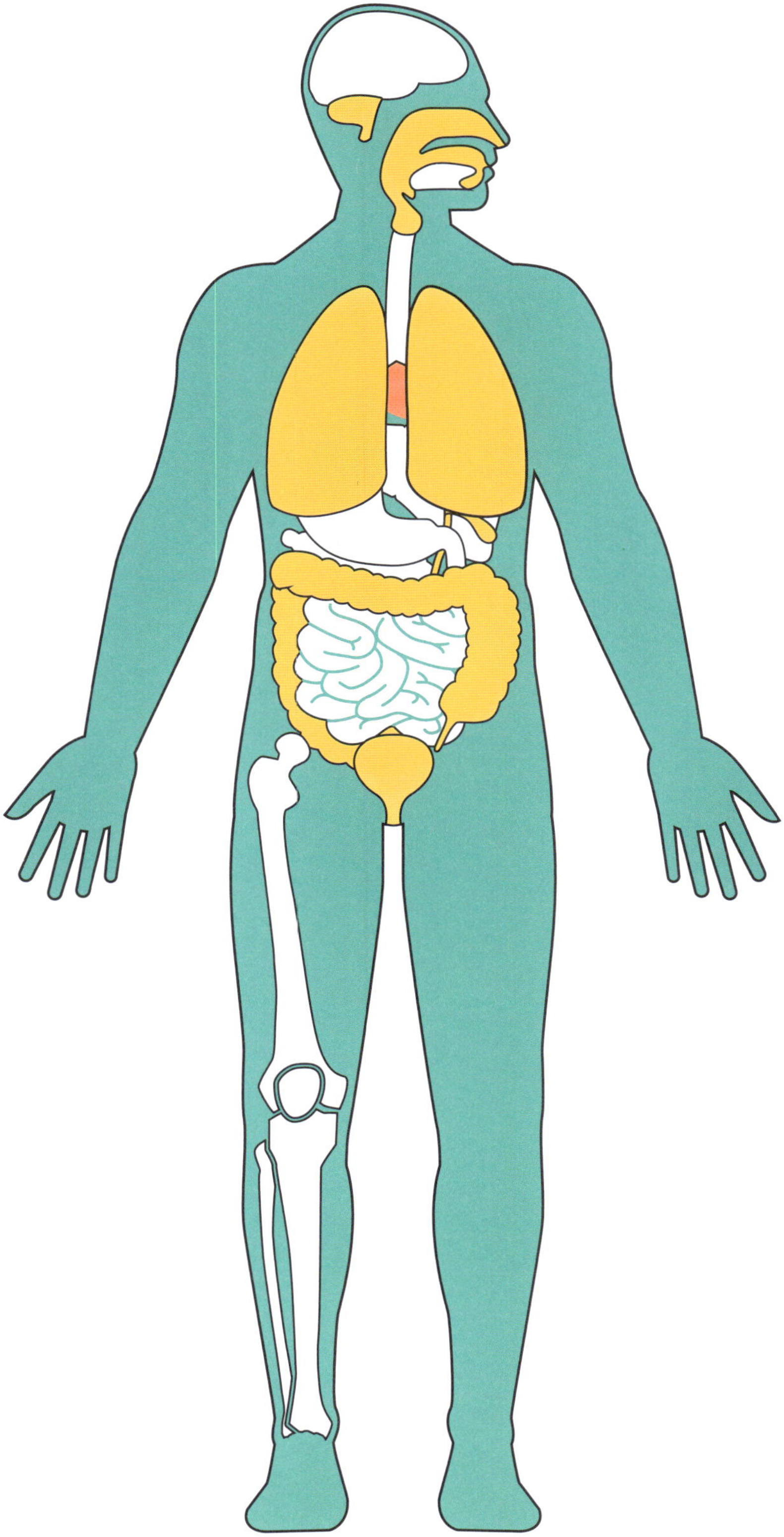

Le système respiratoire

La respiration est indispensable à la vie. Le rythme de notre société moderne a négligé l'importance de la respiration. L'appareil respiratoire fournit de l'oxygène au sang, qui le distribue dans les tissus. Le dioxyde de carbone est ainsi évacué, rejeté par les cellules. Ces dernières ont besoin d'oxygène, mais le corps ne pouvant pas le stocker, nous devons respirer en permanence.

À chaque inspiration et expiration, nous absorbons plus de 500 ml d'air dans nos poumons. L'air est transporté par les bronches et bronchioles (un réseau de tubes creux) jusqu'aux alvéoles (petits sacs d'air) où l'oxygène est absorbé et le dioxyde de carbone expulsé.

L'air inspiré contient environ 20 % d'oxygène et moins d'1 % de gaz carbonique. Le reste est constitué principalement de nitrogène (azote). L'air expiré contient 4 % de gaz carbonique et 15 % d'oxygène.

- La respiration débute par l'aspiration de l'air plein d'oxygène par le nez et/ou la bouche.
- Cet air est acheminé vers les poumons jusqu'aux alvéoles.
- L'oxygène est capté par les globules rouges du sang dans les poumons et acheminé vers toutes les cellules du corps. Les cellules utilisent l'oxygène du sang pour décomposer les nutriments et extraire l'énergie qu'ils contiennent pour leur fonctionnement.
- Le sang récupère le gaz rejeté et les déchets des cellules pour les ramener vers les poumons, qui les évacuent lors de l'expiration.
- C'est le cœur, véritable moteur du corps, qui pompe le sang, qui vient entre et sort dans la cellule.

Le saviez-vous ?

Le corps a besoin de plus de 5 litres d'air par minute. Donc un individu doit inspirer et expirer 20 000 fois par jour.

Le rôle du yoga sur le système respiratoire

Notre respiration s'effectue naturellement, sans même en avoir conscience. Pourtant, elle est essentielle à notre survie.

Premièrement, la fréquence respiratoire est directement liée à l'état émotionnel. Dès que vous ralentissez de manière consciente et volontaire la fréquence respiratoire, votre état émotionnel s'apaise. Les émotions négatives comme la colère et les états d'agitation, s'accompagnent toujours d'une accélération de la fréquence respiratoire et cardiaque. L'angoisse et la peur peuvent s'accompagner d'une suspension de la respiration. Inversement, l'état de détente et de calme s'associe à une respiration douce et ample. C'est le principe de base du yoga.

Deuxièmement, la qualité de notre respiration dépend de l'état de notre corps. Les poumons, la cage thoracique, le diaphragme et le dos sont les essentiels d'une bonne respiration. Il faut de l'espace dans la cage thoracique pour mieux respirer, les poumons doivent être musclés et le dos doit être détendu.

Une pratique régulière et bonne des exercices de respiration aide à muscler les poumons. Les postures, comme celle du pigeon (p. 28), de l'iguane (p. 87), du chameau (p. 132), de l'otarie (p. 29), etc. peuvent permettre travailler d'augmenter le volume et de façonner la cage thoracique. Les postures inversées comme le poisson (p. 144), le triangle inversé (p. 136), l'angle étiré inversé (p. 164) réduisent la raideur du dos.

Le ballon : main sur le ventre

J'espère que le ballon ne va pas éclater.

1. Asseyez-vous avec les jambes croisées en tailleur ou confortablement dans la position qui vous convient avec le dos droit.

2. Commencez par poser une main sur le torse et l'autre sur le ventre. Essayez d'observer et comprendre votre respiration naturelle. Comment respirez-vous, par le ventre, par le torse ou par les deux ?

3. Ensuite, posez les deux mains sur le ventre. En inspirant, gonflez au maximum le ventre. En expirant, dégonflez au maximum le ventre. L''estomac se comporte alors comme un ballon qui gonfle et se dégonfle.

Répétez cet exercice sur cinq à dix respirations.

Conseils

Les plus jeunes peuvent respirer par la bouche les premiers temps. Les grands enfants, ou avec un peu de pratique, peuvent passer peu à peu à la respiration par le nez. Cet exercice peut être facile pour les personnes qui respirent naturellement par le ventre. Pour les autres, grâce à une pratique régulière, cela deviendra naturel. Essayez de comprendre l'exercice et pratiquez sans vous forcer.

- BIENFAITS -

Grâce à cet exercice, vous apprendrez à respirer par l'abdomen, ce qui aura pour conséquence de dilater votre diaphragme, laissant ainsi plus de place à l'oxygène dans vos poumons.

Le bateau sur le ventre

Vous allez faire des vagues en douceur comme dans un lac, avec votre ventre.

1. Allongez-vous sur le dos et respirez à votre rythme.

2. Au bout de quelques instants, en inspirant, gonflez le ventre, puis le torse pour remplir d'air vos poumons. En expirant, dégonflez le ventre le plus possible – ce qui permettra de vider les poumons pour dégager au maximum le dioxyde de carbone.

Pratiquez ainsi cinq à dix cycles de respirations.

Conseils

Pour les plus jeunes, placez un bateau en papier plié (ou un objet léger et stable, par exemple un doudou) au niveau du nombril. Réalisez cet exercice de manière à faire monter et descendre le bateau. Votre enfant peut respirer par la bouche durant les premiers temps. Les grands enfants, ou avec un peu de pratique, peuvent essayer de passer progressivement à la respiration par le nez.

- BIENFAITS -

Comme c'est un exercice réalisé allongé, vous apprendrez à respirer par l'abdomen.
Le diaphragme peut ainsi se dilater laisser plus de place à l'oxygène dans les poumons.
Ce jeu nous permet de comprendre le fonctionnement de la respiration.

La mudrâ du courage

Suivez le chemin de votre respiration !

1. Asseyez-vous avec les jambes croisées en tailleur, ou dans une position confortable, avec le dos droit.

2. Pliez légèrement l'index et touchez avec l'extrémité du pouce le côté extérieur de la deuxième phalange de cet index. Gardez les trois autres doigts tendus.

3. Les mains peuvent reposer sur les cuisses ou vers les genoux.

Conseils

Avec les yeux fermés, concentrez-vous sur votre respiration naturelle, sans la modifier. Ceci n'est pas un exercice de respiration. Observez l'air qui rentre et sort par les narines. Prenez conscience de sa température et suivez le chemin de votre respiration : l'air froid qui rentre par le nez, qui traverse la gorge pour remplir les poumons en gonflant le ventre ; l'air chaud qui sort par le même chemin en dégonflant le ventre. Les deux précédents exercices de respiration vous aident à comprendre le chemin de la respiration pour le suivre.

- BIENFAITS -

Cette technique de méditation peut aider à gérer les émotions et ainsi à améliorer le fonctionnement du système respiratoire. La mudrâ du courage donne la confiance en soi, en nous permettant de mieux gérer le stress et en stabilisant le rythme de la respiration.

Le pigeon – *Ekapada Raja Kapotasana*

Avez-vous déjà vu des pigeons royaux ? Vous allez vous transformer.

1. Mettez-vous à quatre pattes.

2. Pliez la jambe droite en ramenant le pied près de la cuisse gauche.

3. Glissez le pied gauche loin à l'arrière, en tendant la jambe.

4. La jambe droite pliée est ainsi entre la cuisse et les mains. En ramenant les mains plus près du corps, trouvez l'équilibre pour dresser votre dos bien droit. Regardez droit devant et restez durant trois cycles de respiration.

Recommencez en inversant les jambes. Et répétez trois fois de chaque côté.

- BIENFAITS -

Cette posture ouvre la cage thoracique pour améliorer le bon fonctionnement des poumons. Elle permet d'étirer l'abdomen, le torse, les cuisses et le cou. Elle aide aussi à l'écartement des jambes qui assouplit le bassin.

L'otarie – *Urdhva mukha svanasana*

Pourquoi ne pas crier comme une otarie ? Onk ! Onk ! Onk !

1. Allongez-vous sur le ventre. Resserrez bien les jambes.

2. Posez les mains de chaque côté de la poitrine, le front contre le sol.

3. En inspirant, soulevez le buste et regardez devant ou vers le ciel. Gardez les jambes et les bras tendus, les fesses serrées.

4. En expirant, revenez à la position initiale, le front contre le sol.

Répétez cette posture trois fois.

- BIENFAITS -

Cette posture améliore le fonctionnement des poumons. Elle muscle les épaules et l'abdomen. Elle renforce la colonne vertébrale et les fessiers.

Le système circulatoire et cardiovasculaire

Le système circulatoire fait fonctionner tout le corps, un peu comme les cours d'eaux, les rivières et les fleuves qui irriguent la Terre. Ce système, aussi appelé système cardiovasculaire, se compose du cœur et des vaisseaux sanguins. Le travail du cœur consiste à pomper le sang qui transporte à travers ses vaisseaux les nutriments vitaux et l'oxygène vers les différents organes et parties du corps.

Le cœur est une sorte de pompe complexe et centrale de notre corps. Il est divisé en quatre compartiments appelés ventricules, qui ont chacun un rôle différent.

- Le compartiment en haut à droite est chargé de collecter le sang impur entrant de tout le corps et de le déplacer vers le compartiment inférieur droit.
- Le compartiment inférieur droit envoie le sang vers les poumons pour être purifié (voir « Le système respiratoire » p. 22).
- Le sang purifié est ensuite renvoyé vers le cœur, cette fois dans le ventricule supérieur gauche, d'où il est déplacé dans le compartiment inférieur gauche, puis ressort sous forme de sang frais et pur vers le reste du corps.
- Le sang est surtout transporté par les artères principales (des structures épaisses en forme de tube) partant du cœur et qui se déploient dans tout le corps. Ces artères se ramifient en de nombreuses sous-artères qui à leur tour se divisent en capillaires à parois minces. Les capillaires travaillent directement avec les organes et transmettent l'oxygène et les nutriments aux organes et aux tissus qui en ont le plus besoin. Une fois que les cellules ont pris ce dont elles avaient besoin, elles éjectent leurs déchets par les veines afin de renvoyer le sang impur vers le cœur pour recommencer tout le processus.
- Là intervient un système circulatoire parallèle, le système lymphatique (voir p. 58) qui permet d'évacuer les déchets depuis les muscles, mais il n'est pas assisté par une pompe comme le cœur. C'est là qu'agit le yoga.

Le rôle du yoga sur le système circulatoire

Nous l'avons vu, le yoga est une discipline unique qui associe la concentration sur le corps à celle de l'esprit. D'une part, le corps est aidé par les postures, conçues pour éliminer les blocages dans le système circulatoire et qui assurent que tout se déroule au bon rythme. D'autre part, l'esprit, dans la gestion des émotions, est aidé par les exercices de méditation et de relaxation.

La pratique des postures en dynamique, de la salutation au soleil, des étirements et de la respiration contribue au bon fonctionnement de la« pompe cardiaque », comme tout autre activité physique. Cela aide le cœur à pomper de manière plus efficace le sang dont il a besoin vers le reste du corps. Les postures enchaînées augmentent votre fréquence cardiaque quand vous les pratiquez, mais la réduisent au repos.

Les postures de yoga, grâce à leur large gamme de mouvements, mobilisent tout le corps. La circulation s'accélère et le sang s'enrichit en oxygène. Les postures de flexions en arrière, comme le cobra (p. 151), le pigeon (p. 28), le chameau (p. 132), étirent l'avant du corps en ouvrant la cage thoracique et en stimulant la circulation sanguine dans la poitrine.

Un système cardiovasculaire sain est un système qui fait circuler le sang efficacement. Le yoga fait travailler les muscles et les renforce au fil du temps. Ce travail constant des muscles pompe le système lymphatique et rend notre corps beaucoup plus fort pour éliminer les déchets. Ainsi les personnes qui pratiquent régulièrement le yoga auront une meilleure immunité que les non yogis.

Enfin, le yoga a un impact positif sur l'efficacité de la circulation sanguine. Une pratique de postures peut augmenter la circulation sanguine et diminuer les niveaux de cortisol (l'hormone du stress) dans le corps. Un niveau bas de stress favorise une tension artérielle plus saine.

Les poses méditatives contribuent aussi à la réduction du stress : la pression artérielle baisse, la fréquence cardiaque se régule. Grâce à la méditation, on développe la conscience corps-esprit, ce qui influence nos choix de style de vie, comme manger en pleine conscience et savoir quand se retirer des situations stressantes.

La mudrâ de l'eau – *Varuna Mudrâ*

Laissez-vous porter par la mudrâ comme couler au fil de l'eau.

1. Asseyez-vous dans l'une des trois postures suivantes : *sukhasana* (position assis en tailleur), *vajrasana* (assis sur les talons), *padmasana* (lotus ou demi-lotus) ou dans une position de votre choix, avec le dos droit.

2. Posez les mains sur les cuisses ou les genoux en orientant la paume des mains vers le haut.

3. Joignez l'extrémité des pouces à celle des auriculaires. Gardez les trois autres doigts bien tendus.

4. Avec les yeux fermés, concentrez-vous sur la mudrâ et votre respiration naturelle telle qu'elle est, sans la contrôler ni la modifier. Ceci n'est pas un exercice de respiration. Observez l'air qui rentre et sort par les narines. Prenez conscience de la température de votre respiration : l'air froid qui rentre et l'air chaud qui sort.

- BIENFAITS -

Cette mudrâ favorise l'équilibre des fluides circulant dans le corps. Elle permet de maintenir la teneur en eau du sang. Il aide aussi à combattre la gastro-entérite et modère la contraction des muscles.

La salutation au soleil – *Surya Namaskar*

Grâce à vous, nous avons le soleil même par temps de pluie.

1. **Salutation :** mettez-vous debout, les jambes légèrement écartées. Commencez par une salutation avec les deux mains jointes devant le buste.

2. **Montagne :** tout en inspirant, toujours les mains jointes, levez les mains au-dessus de la tête. Restez le temps d'une respiration.

3. **Lune arrière :** les bras parallèles, penchez-vous en arrière.

4. **Girafe baissée :** les bras toujours au-dessus de la tête, penchez-vous en avant au maximum.

5. **Cavalier :** posez les mains au sol en pliant les genoux puis ramenez le pied gauche en arrière, en regardant droit devant.

6. **Planche :** ramenez également le deuxième pied en arrière.

7. **Ver de terre :** posez les genoux, la poitrine, les mains et le menton.

8. **Otarie :** posez les cuisses au sol et tendez les bras, en regardant devant.

9. **Chien :** en s'appuyant sur la pointe des pieds, levez les fesses en tendant les bras et les jambes, avec la tête vers le bas.

10. **Cavalier :** ramenez le pied gauche devant, entre les deux mains, en posant le genou droit au sol.

11. **Girafe qui se relève :** ramenez le pied droit devant, redressez-vous progressivement avec les deux bras au-dessus de la tête.

12. **Lune arrière :** les bras parallèles, penchez-vous en arrière.

13. **Montagne :** revenez en position de la montagne.

14. **Salutation :** redescendez les bras, paumes de mains jointes au niveau du cœur.

- BIENFAITS -

Toutes les postures de la salutation au soleil favorisent une bonne circulation sanguine et un bon équilibre hormonal. Elles vous aident à tonifier presque toutes les parties de votre corps, y compris les bras, l'abdomen, les cuisses et les fesses.

2
3
4
5
6
7
8
9
10
11
12
13

Le poirier – *Sirsasana*

Vous ressemblez à des jeunes poiriers.

1. Placez-vous contre un mur libre de tout obstacle. Mettez-vous à genoux face au mur.

2. Baissez-vous en mettant les mains à plat au sol.

3. Posez le sommet de la tête au pied du mur en laissant trois centimètres entre le mur et l'arrière de la tête.

4. Levez les fesses en tendant les jambes. La tête et les mains doivent former un triangle pour un bon équilibre.

5. Lancez un premier pied vers le haut.

6. Puis lancez le deuxième. Les deux pieds sont joints, les jambes tendues contre le mur. Maintenez la posture quelques secondes en respirant normalement.

Revenez en position initiale en ramenant au sol un pied puis l'autre.

Conseils

Une personne peut vous aider à tenir un pied quand l'autre pied est lancé. Puis à garder l'équilibre quand les deux pieds sont en l'air. Si vous avez mal à la tête, mettez un drap plié à plat ou utilisez un tapis. Il est déconseillé d'utiliser un coussin car il n'est pas ferme et sera instable comme support donc inadapté à la colonne vertébrale.

- BIENFAITS -

La posture du poirier est considérée comme l'une des meilleures du yoga, tant elle est bénéfique pour l'ensemble du corps. Elle améliore l'irrigation du cerveau et du globe oculaire, elle soulage aussi un très grand nombre de muscles. Elle développe l'équilibre du corps et aide l'enfant à surmonter la peur de la « tête en bas ».

1
2
3
4
5
6

Le guerrier couché - *Supta virasana*

Il n'y a que les guerriers qui peuvent se coucher dans cette position.

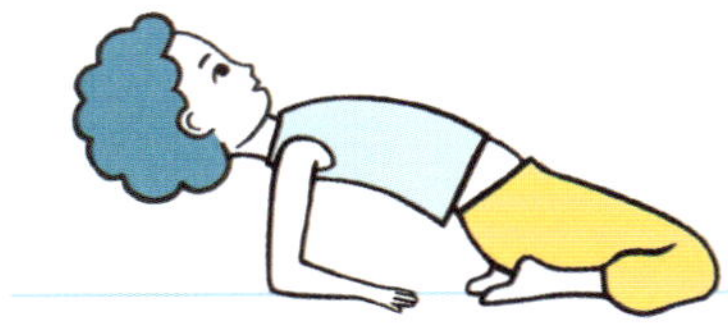

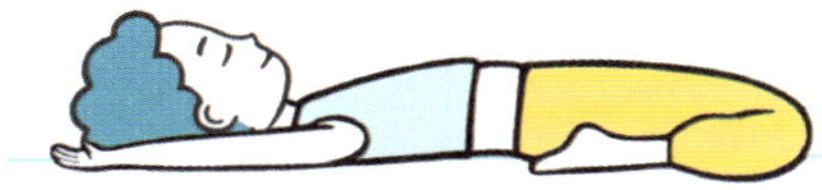

1. Asseyez-vous sur les talons, les jambes repliées, avec le dos bien droit.

2. Écartez les jambes en plaçant les pieds de chaque côté des cuisses.

3. Essayez de poser doucement les fesses au sol.

4. Posez délicatement les coudes derrière vous et allongez-vous progressivement. Les bras sont allongés au sol, au-dessus de la tête.

Essayez de maintenir la position pendant quelques secondes en respirant normalement.

Conseils

Si vous avez du mal à poser les pieds sur les côtés et à mettre les fesses au sol, restez sur les talons. Essayez juste de réaliser la posture en posant les fesses au sol de temps à autre. Puis progressivement, faites la figure en position allongé. Ce n'est qu'à cette étape que vous aurez pleinement réussi la posture.

- BIENFAITS -

Cette posture de détente étire et assouplit l'abdomen, les cuisses, les genoux, les chevilles, les hanches, le bassin et la zone lombaire. Elle améliore la digestion et la circulation sanguine. En favorisant le relâchement des tensions, elle vous aide à gérer le stress.

La jambe levée - *Viparitha kaarani*

Vous allez former un angle droit parfait entre le sol et le mur avec votre corps.

1. Asseyez-vous contre un mur plat et vide, les plantes des pieds au sol et le côté gauche appuyé contre le mur.

2. Déplacez-vous de façon à ce que votre bas du dos repose sur le sol. Avec l'appui de vos bras, déplacez doucement votre corps jusqu'à ce que vos jambes soient bien en contact avec le mur, bien tendues et dirigées vers le haut. Posez votre tête contre le sol. Votre bassin doit être en position de repos – si vous êtes inconfortable, placez un coussin sous le bas du dos et des fessiers.

3. Détendez votre visage et votre cou. Laissez vos mains reposer sur votre ventre ou à côté de votre corps sur le sol.

4. Détendez chaque partie de votre corps tout en gardant vos jambes tendues contre le mur.

5. Fermez les yeux et respirez profondément.

Restez dans la posture entre trois et cinq minutes.

- BIENFAITS -

Cette position vous reposera et vous procurera du bien-être, en inversant la circulation sanguine dans les jambes et en favorisant le flux vers le haut du corps.

Le système digestif

Pour être en bonne santé, le système digestif doit bien fonctionner pour fournir de l'énergie au corps et participer à la croissance. Les organes de ce système absorbent les aliments, les digèrent pour en extraire l'énergie et les nutriments, puis expulsent les déchets restants. Il est composé de la bouche, de l'œsophage, de l'estomac et des intestins.

- La bouche participe à la mastication des aliments.
- L'œsophage achemine les aliments mâchés jusqu'à l'estomac.
- L'estomac brasse les aliments mâchés, les transforme avec l'aide du suc gastrique avant de les envoyer sous forme de soupe vers l'intestin grêle. Ce dernier est aidé dans la digestion par le foie, le pancréas et la vésicule biliaire, qui lui envoient la bile et divers sucs digestifs pour l'assimilation des aliments.
- L'intestin grêle garde les nutriments et l'eau contenue dans cette soupe pour les évacuer vers le gros intestin.
- Le gros intestin absorbe le reste des nutriments et évacue les déchets quand vous allez aux toilettes.
- La zone du ventre contenant l'essentiel des organes du système digestif est recouverte par le diaphragme et des muscles abdominaux.

Le saviez-vous ?

Le tube digestif qui relie votre bouche à l'anus mesure environ 9 mètres. Et l'aliment que vous avez mâché aujourd'hui mettra parfois plusieurs jours à être évacué.

Le rôle du yoga sur le système digestif

Les postures de yoga créent des mouvements dans le corps humain qui améliorent considérablement les activités des organes digestifs. Elles augmentent le flux sanguin vers le tube digestif et stimulent l'action intestinale. La digestion est ainsi plus efficace. Elles ciblent souvent le muscle abdominal et le diaphragme, ce qui a un effet très bénéfique sur le système digestif. Grâce aux postures et exercices de respiration, la compression et l'extension du diaphragme et des parois abdominales massent en quelque sorte le contenu abdominal. Une action très utile dans la production des sucs gastriques et le fonctionnement des organes digestifs ! Dans le tube digestif, plusieurs maux peuvent survenir pour diverses raisons.

D'une part, un stress répété peut engendrer différentes pathologies digestives : reflux gastro-œsophagien, brûlures d'estomac, constipation, diarrhée, nausées, crises de foie, etc. Donc, pour mieux digérer, limitez le stress, donc pratiquez le yoga !

D'autre part, les dysfonctions digestives peuvent provenir d'un mode de vie malsain, d'un déséquilibre alimentaire, d'une indigestion chronique ou encore d'un système digestif très sensible. Il faut éviter les aliments gras, acides, liquides gazeux qui causent des troubles intestinaux. Consommer des aliments frais (légumes, salades, fruits, le caillé et le babeurre) facilite le bon fonctionnement digestif.

Les postures courbées ouvrent l'espace dans l'abdomen et favorisent la libération de gaz piégés. Elles stimulent le foie, ce qui améliore les fonctions du système digestif. Si vous souffrez souvent de ballonnements, de crampes et de gaz après les repas, vous pouvez pratiquer la posture du vent (p. 145), la barque (p. 44), etc. Les postures abdominales avec une torsion comme la posture du poisson (p. 62 et 144), triangle inversé (p. 136), etc. sont vraiment bénéfiques pour les organes internes et pour soulager la raideur dans le dos. Petit bonus : elles aident à se débarrasser de l'excès de graisses, tonifie le foie et le pancréas. Tout comme le yoga calme l'esprit, il détend le système digestif.

Le papillon et le nectar

Il est important de bien respirer pour contrôler ses émotions et retrouver le calme dans les moments de stress, ce qui aidera à mieux digérer.

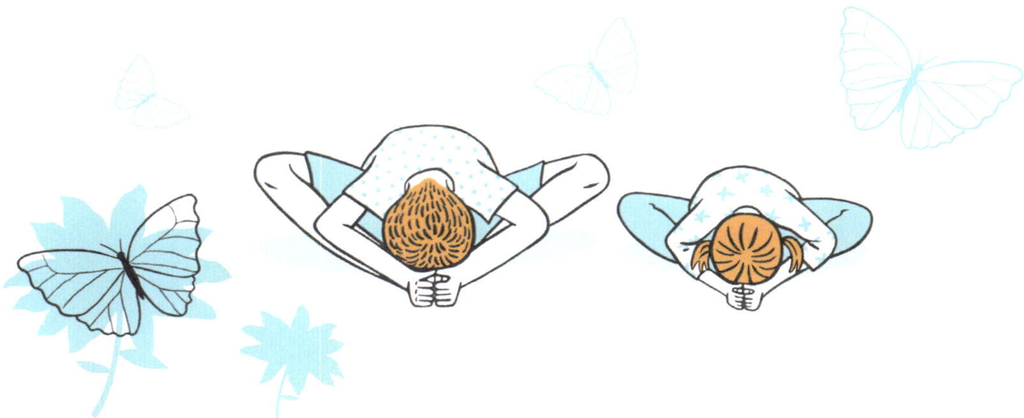

1. Asseyez-vous sur le sol, dos droit et jambes tendues vers l'avant.

2. Fléchissez les genoux en ramenant les plantes des pieds l'une contre l'autre. Refermez les deux mains sur les orteils.

3. Vous êtes devenu un papillon. Penchez le buste en avant, jusqu'à ce que vous puissiez toucher les pieds avec le front (si vous y arrivez), sans forcer.

4. Relevez la tête lentement tout en inspirant de manière continue.

5. Une fois le dos droit, rejetez l'air lentement par la bouche, tout comme le papillon qui rejette lentement le nectar.

Vous pouvez refaire cet exercice plusieurs fois, dans le calme.

- BIENFAITS -

Cet exercice se pratique pour une meilleure digestion et pour stimuler les organes abdominaux comme les ovaires, la prostate, la vessie et les reins. Il stimule le cœur et améliore la circulation générale tout en aidant à soulager la fatigue.

La barque – *Navasana*

La barque doit être solide pour porter les personnes ou des objets.

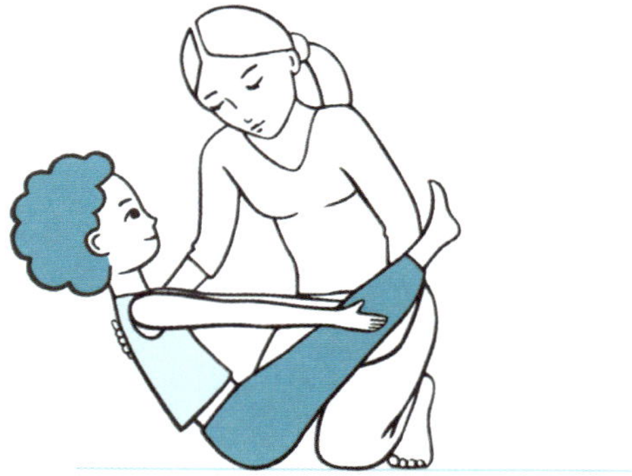

1. Asseyez-vous, avec les jambes allongées et les pieds joints.
2. Repliez les jambes en ramenant les genoux vers le buste.
3. Tendez les bras vers l'avant au niveau des genoux.
4. Penchez-vous légèrement en arrière.
5. Tendez les jambes en pointant les orteils vers le haut, pour former un V avec votre corps.
6. Maintenez la position pendant quelques secondes, en respirant normalement. Reprenez la position assise, jambes repliées. Revenez en position initiale en allongeant les jambes.

Répétez trois fois la posture.

- BIENFAITS -

Cette posture renforce le dos, les abdominaux et les fléchisseurs des hanches. Elle développe aussi l'équilibre, la digestion et la concentration. Elle stimule plusieurs organes comme les intestins et les reins, la thyroïde et la prostate.

La demi-sauterelle et la sauterelle – *Ardha salabhasana* et *Salabhasana*

Simple à réaliser et idéal pour étirer le dos.

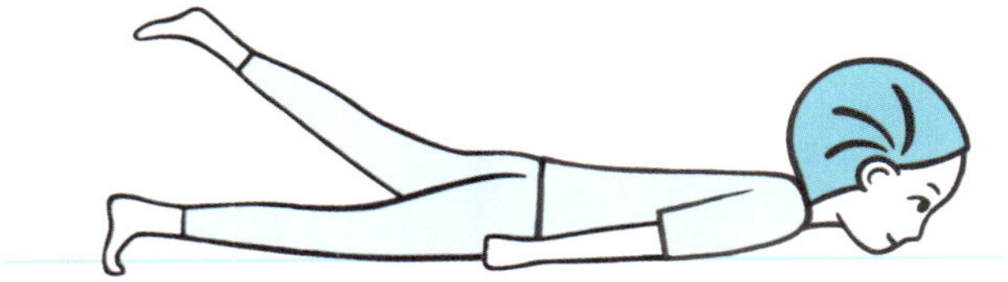

1. Allongez-vous sur le ventre, les bras le long du corps ou posez la paume des mains sur les côtés de la poitrine et le front contre le sol.

2. Soulevez légèrement la tête de manière à poser le menton sur le sol ou à le garder en l'air. Fixez un point droit devant.

3. En inspirant, levez un pied avec la jambe tendue, sans fléchir le genou ou la cheville. Laissez le reste du corps à plat au sol.

4. Essayez de maintenir la position pendant quelques secondes en respirant normalement. En expirant, ramenez le pied vers le sol.

5. Recommencez en changeant de jambe.

Répétez trois fois la posture.

Variante

Pour la posture de la sauterelle, toujours allongé, mettez les bras le long du corps, les paumes tournées vers le haut. Inspirez en soulevant les jambes jointes, le buste et les bras. Levez la tête et regardez droit devant vous si possible. En expirant, ramenez doucement les pieds, le buste et les bras au sol.

- BIENFAITS -

Cette posture permet de sentir son dos. En le fortifiant, elle stimule les organes abdominaux. Elle renforce aussi les muscles du cou, des jambes, des cuisses et tonifie les bras, les fessiers et les jambes.

Le diamant - *Vajrasana*

Vous pouvez souvent essayer de vous asseoir en vajrasana pour briller comme le diamant.

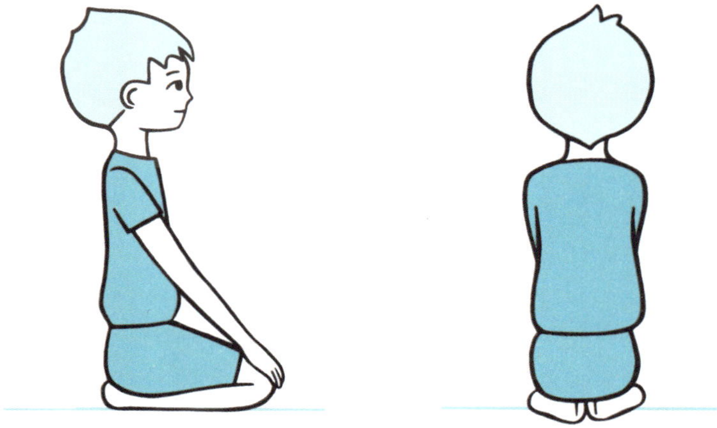

1. Asseyez-vous sur vos talons.
2. Maintenez la colonne vertébrale bien droite, cambrez le bas du dos.
3. Relâchez les épaules, le cou et la mâchoire.
4. Respirez calmement par le nez, en vous concentrant sur la respiration. Fermez les yeux pour une meilleure concentration.
5. Posez les deux paumes des mains sur les cuisses.

Restez statique pendant trois minutes, ou trois fois une minute avec une petite pause entre chaque minute.

- BIENFAITS -

Cette position aide à se détendre et à retrouver le calme. Elle favorise la circulation sanguine et la digestion. Le fait de s'asseoir sur les mollets stimule les organes digestifs.

L'étang - *Tadagasana*

Relaxez-vous dans cette posture de détente comme si vous étiez étendu et relaxé sur une plage.

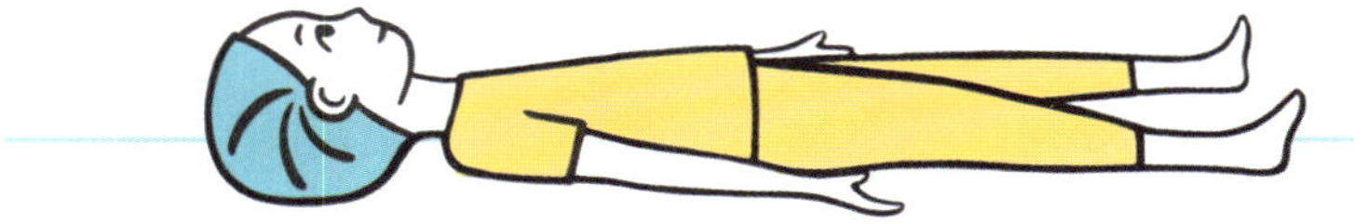

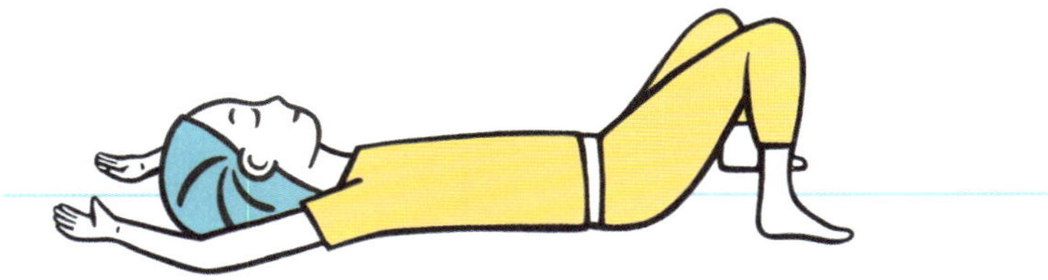

1. Allongez-vous sur le dos, les jambes légèrement écartées.
2. Repliez les jambes de manière à poser les pieds à plat au sol.
3. Repliez les bras au-dessus de la tête sans qu'ils se touchent.
4. Avec les yeux fermés, restez au maximum cinq minutes dans cette position reposante en respirant normalement. Restez concentré sur la respiration.
5. Revenez en position initiale avec les jambes et les bras allongés.

- BIENFAITS -

Cette posture de détente vous aide à vous relaxer et à vous reposer en cas de fatigue, en favorisant le relâchement des muscles.

Le système immunitaire

Le système immunitaire assure la protection de notre corps. Il est chargé de nous défendre contre les organismes porteurs de maladie. Il est composé de deux parties principales : une innée, acquise donc à la naissance ; une autre développée au cours de notre vie. C'est la deuxième que nous pouvons améliorer grâce au yoga.

- **La première barrière immunitaire est formée par la peau, la muqueuse de la bouche, les cheveux, et même la cornée de l'œil. Si cette barrière est franchie, les cellules du système immunitaire entourent et recouvrent l'envahisseur.**
- **Plusieurs types d'agents protecteurs existent. Par exemple, les globules blancs, appelés lymphocytes B et T. Ils entrent en action en produisant les protéines qui éliminent les bactéries, les virus, voire des champignons – les macrophages, par exemple, en ingérant les corps étrangers, les détruisent, ou encore les polynucléaires se battent contre les bactéries.**

Le rôle du yoga sur le système immunitaire

Les postures de yoga avec la respiration synchronisée, associées à la méditation stimulent le système immunitaire. Le yoga agit sur les organes impliqués dans le système immunitaire, tel que le thymus, les ganglions, la rate et les amygdales. Des effets bénéfiques ont même été observés dans la prévention et la guérison des infections virales ou bactériennes.

En développant les défenses de l'organisme, le yoga améliore aussi le fonctionnement de reconnaissance du système immunitaire et limite les phénomènes d'affaiblissement immunitaire, en particulier dans les cas de stress psychologique.

Saviez-vous que le yoga en assurant un système lymphatique performant, booste aussi le système immunitaire, car les deux sont liés ? En effet, le système lymphatique est formé d'un réseau parallèle au système sanguin, qui irrigue tout le corps en transportant les fameux globules blancs. Ce dernier joue donc un rôle essentiel dans l'immunité, la circulation et la désintoxication saine. Contracter vos muscles lorsque vous bougez et respirez pendant vos exercices agit comme une pompe pour le système lymphatique.

Quant aux exercices de respiration, en soutenant le système lymphatique, ils encouragent l'élimination des impuretés du corps, ce qui renforce le système immunitaire.

La respiration alternée–*Naadishodhana*

C'est un exercice de respiration absolument essentiel dans la pratique du yoga, qu'il convient de faire correctement. Faites-le à votre rythme.

1. Asseyez-vous avec les jambes croisées en tailleur ou dans une position confortable de votre choix, avec le dos droit.

2. Prenez le temps de relâcher le corps, la mâchoire et la nuque. Portez votre attention sur votre souffle.

3. Placez avec délicatesse le pouce de la main droite sur la narine droite, et l'annulaire sur la narine gauche. Vous pouvez soit plier l'index et le majeur, soit les placer entre les sourcils. Faites attention à bien garder le contact entre vos doigts et vos narines tout au long de la pratique.

4. Fermez la narine droite. Expirez par la narine gauche pour vider les poumons. Ensuite, inspirez par la même narine gauche et fermez la narine gauche. Ouvrez la narine droite pour expirer et inspirez par la même narine droite.

5. Fermez la narine droite pour expirer puis inspirez par la gauche.

Ainsi continuez les cycles au minimum dix fois pour chaque côté.

Conseils

Si les tout-petits ont des difficultés pour placer les doigts, ils peuvent utiliser les index de chaque main sur chaque narine. Imaginez que votre nez est comme une montagne et que la respiration c'est vous. Vous descendez de la montage (expirez) puis grimpez (inspirez) le sommet. Puis vous redescendez de l'autre côté et remontez par le même chemin.

- BIENFAITS -

Cet exercice est une méthode de purification de nos réseaux intérieurs. Au niveau physiologique, la respiration alternée élimine les toxines du corps. Elle apporte aussi de l'oxygène en plus à l'organisme, une meilleure élimination du dioxyde de carbone et aide à vider tout à fait les poumons de l'air vicié qui peut y stagner. Tout cela concourt à améliorer le système immunitaire. Il est parfait à faire avant la méditation. Il vous prépare, calme vos émotions et libère votre esprit.

Connaître son corps

Par cette technique de méditation, vous donnez de l'importance à votre corps.

1. Asseyez-vous dans l'une des trois postures suivantes : *sukhasana* (en tailleur), *vajrasana* (assis sur les talons), *padmasana* (lotus ou demi-lotus) ou dans une position confortable de votre choix, avec le dos droit. Si vous le souhaitez, vous pouvez former une mudrâ avec vos mains. Les yeux fermés, concentrez-vous sur votre respiration telle qu'elle est, sans la modifier.

2. Tout d'abord, prenez conscience de votre corps dans sa globalité. Puis prenez conscience de votre tête, en parcourant le crâne arrière, les côtés, le sommet. Ensuite descendez vers le visage en passant par les yeux, le nez, la bouche et les oreilles.

3. Le voyage continue par les épaules, les bras, les coudes, les avant-bras, les mains, jusqu'aux bouts des doigts.

4. Balayez le haut du corps en prenant conscience du mouvement de la respiration, aux battements du cœur et peut-être des bruits du ventre. Concentrez-vous sur la cage thoracique, le ventre, la partie abdominale jusqu'au bas du ventre et les hanches.

5. Continuez en portant l'attention sur la partie arrière : le dos, la colonne vertébrale, du cervical au coccyx en passant par le thoracique, les lombaires et le bassin pour finir par le sacrum.

6. Vous arrivez à présent au bas du corps : les jambes avec les cuisses, les genoux, les tibias, les mollets et les pieds jusqu'aux orteils.

7. Refaites le même parcours mental en partant des orteils jusqu'au sommet de la tête en n'omettant aucune partie du corps.

- BIENFAITS -

Cette technique vous aide à mieux connaître votre corps, à gérer les émotions et à évacuer le stress. Elle améliore le système de circulation sanguine et renforce l'immunité du corps.

La féroce – *Ugrasana*

C'est une posture debout, jambes écartées et la tête penchée qui stimule aussi le système circulatoire.

1. Mettez-vous debout, les jambes écartées autant que possible. Levez les deux bras, parallèles au-dessus de la tête.
2. Penchez-vous en avant et posez les mains (ou les doigts, selon votre souplesse) au sol.
3. Puis touchez le sol du sommet de la tête (glisser les pieds pourra vous y aider). Essayez de toucher les orteils avec les mains. Restez quelques secondes dans cette position en respirant normalement.
4. Relevez-vous doucement en posant d'abord les mains au sol, puis en dépliant les bras et en relevant la tête. Faites lentement ce mouvement. Vous pouvez aussi vous relever en vous mettant à quatre pattes.

Conseils

Si vous avez des difficultés à amener la tête au sol, vous pouvez vous arrêter avec les mains au sol et la tête penchée. Vous pouvez aussi utiliser un coussin ou un drap plié pour déposer la tête. Veiller à ce que ce support soit plat et ferme.

- BIENFAITS -

Cette position améliore l'irrigation du cerveau, donc son oxygénation. Elle renforce les jambes et stimule les organes digestifs.

Le wapiti- Flexion avec jambes écartées – *Upavistha konasana*

Par cette posture, vous allez former les cornes d'un wapiti.

1. Asseyez-vous, les jambes écartées et bien tendues en gardant les genoux droits.
2. En inspirant, levez les bras vers le ciel.
3. En expirant lentement, baissez-vous et essayez d'attraper chaque gros orteil avec chaque main. Les personnes souples peuvent toucher le sol avec le front sans forcer.
4. Maintenez la position en comptant jusqu'à cinq.
5. En inspirant, redressez-vous en levant les bras vers le haut. En expirant, ramenez-les sur les côtés.

Répétez trois fois la posture.

- BIENFAITS -

Lorsque cette figure est effectuée avec la tête baissée, elle permet une meilleure circulation de la lymphe en renforçant le système immunitaire. Elle assouplit également le bas du dos, les muscles des jambes et des mollets. Elle améliore le jeu articulaire des hanches et des épaules.

1

2

3

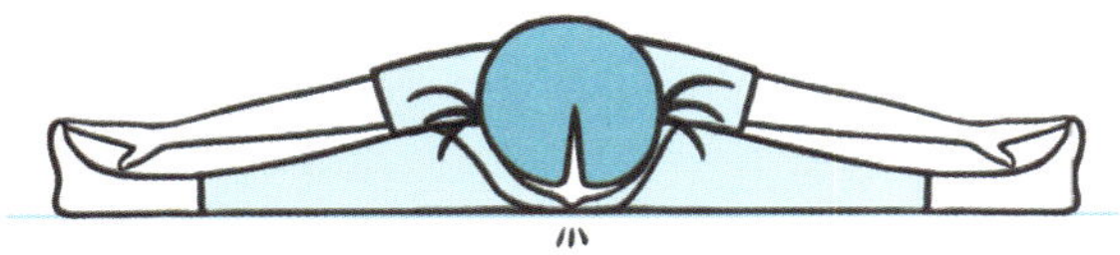

4

5

Savasana

La posture de savasana est différente de la méditation. Tout votre corps et votre esprit sont constamment sollicités et méritent du repos.

1. Allongez-vous sur le dos en gardant les jambes tendues et légèrement espacées, les bras éloignés de votre corps et les paumes tournées vers le haut. Une fois dans la bonne position, fermez vos yeux et respirez de manière lente et profonde trois à cinq fois pour une meilleure concentration. À l'issue de ces cycles reprenez votre respiration naturelle.

2. Vous pouvez faire un aller-retour mental des pieds à la tête et de la tête au pied. Puis relâchez votre corps, une partie après l'autre. Prenez conscience de votre corps dans sa globalité.

3. Ensuite, tout en visualisant, commencez à relâcher les muscles du visage en passant par les yeux, le nez, la bouche et les oreilles. Détendez le sommet de la tête et le crâne arrière.

4. En passant par le cou, la gorge, la nuque, détendez les épaules, les bras, les mains et les doigts.

5. Relâchez la cage thoracique, le buste, le ventre, les hanches, jusqu'au bas du ventre et le dos. Le haut du corps a participé à la respiration, aux battements du cœur, à la digestion, et les bras ont travaillé toute la journée. Ils se reposent et se détendent à présent.

6. Descendez et détendez les cuisses, les genoux, les pieds jusqu'au bout des orteils. La deuxième moitié du corps servant essentiellement aux mouvements, les muscles ont été mis à rude épreuve et doivent se détendre.

Ainsi votre corps est bien détendu. Restez allongé quelques minutes. Vous pouvez vous endormir si vous en ressentez le besoin.

- BIENFAITS -

La relaxation complète de votre corps apporte un état de bien-être, de calme et de concentration. Elle diminue le stress musculaire et mental, amène une meilleure qualité d'écoute et permet d'augmenter la confiance en soi.

Le système lymphatique

Le système lymphatique se compose d'un réseau de vaisseaux né dans les différents tissus du corps et d'organes, comme la rate, le thymus et les amygdales. Il a deux rôles principaux : évacuer les déchets des cellules et participer au système immunitaire (p. 48). Les vaisseaux sont entrecoupés de nœuds lymphatiques appelés ganglions. Ce système maintient les germes, les virus, les toxines et les bactéries à distance. Un système lymphatique sain est synonyme d'une bonne réponse immunitaire de notre corps. Si le système fonctionne mal, il peut dégrader et aggraver de simples affections en maladies graves.

Un rôle double capital pour notre santé.

- D'une part le système lymphatique élimine tous les résidus produits par le fonctionnement de nos cellules (c'est-à-dire leur métabolisme, qui est l'ensemble des transformations chimiques et biologiques), par un système de canaux de plus en plus gros. Il évacue en effet les déchets, les virus, les bactéries, les grosses protéines et l'eau accumulés dans nos tissus. Le système n'ayant pas de pompe, comme le cœur pour le système sanguin, le liquide circule dans le corps par les mouvements des muscles et des organes.
- D'autre part, il joue un rôle capital dans la défense immunitaire (voir « Le système immunitaire » p. 48), car il transporte anticorps et macrophages qui luttent contre les infections. L'agent infectieux passe en effet par la lymphe avant d'arriver au ganglion lymphatique, où il est détruit par les globules blancs et les lymphocytes (les cellules immunitaires). Les ganglions lymphatiques sont concentrés dans le cou, l'aine et les aisselles. Lorsqu'ils sont surchargés sans avoir la possibilité de s'écouler correctement, les ganglions lymphatiques enflent. Cela peut entraîner des ganglions gonflés, un mal de gorge et une rétention d'eau dans tout le corps. Il peut encore contribuer au stress du corps, ce qui peut avoir un impact sur le poids, sans parler de son effet sur le système immunitaire (avec lequel il est lié), ce qui rend plus difficile la lutte contre l'infection.

Le saviez-vous ?

Chaque jour, environ 3 litres de lymphe entrent dans la circulation sanguine.

Le rôle du yoga sur le système lymphatique

Le yoga est un excellent moyen de maintenir une excellente santé lymphatique par une pratique quotidienne. Comme le système lymphatique ne comporte pas d'organe assurant le rôle de pompe, la circulation résulte en effet des mouvements du corps, des contractions des muscles, des contractions des fibres lisses des parois des vaisseaux lymphatiques, car les plus gros vaisseaux possèdent des valvules empêchant le reflux.

Si les mouvements du corps ou l'activité physique s'intensifient, la lymphe circulera plus rapidement. Il circule approximativement 100 ml de lymphe par heure dans le canal thoracique, qui va du cou à l'abdomen, d'une personne au repos alors que durant un exercice, ce flux peut être 10 à 30 fois plus élevé. C'est notamment le cas lors de la pratique du yoga dynamique. En effet les postures dynamiques comme la salutation au soleil (p. 34), à la lune (p. 94) ou d'autres posture soutiennent le mouvement de la lymphe à travers le corps.

La posture du poisson (p. 62 et 144), du chien (p. 63) et du triangle inversé (p. 136) sont toutes des poses qui vous obligent à vriller le corps. Ainsi, vous exercez une légère pression sur les organes internes ce qui permet de faire circuler le liquide lymphatique.

L'exercice de respiration profond et complet, seul ou avec la posture, peut être la meilleure aide pour le système lymphatique tout au long de la journée. En vous concentrant sur votre respiration, vous n'êtes plus que dans le moment présent, vous réduisez ainsi les hormones du stress qui finissent par surcharger les ganglions lymphatiques, et vous stimulez tout autant le flux de lymphe de la poitrine dans le reste du corps.

Les postures inversées tirent également la lymphe vers le cœur à partir des membres inférieurs. Les postures têtes vers le bas permettent d'inverser les effets de la gravité momentanément. Le yoga contribue ainsi à détoxifier et rajeunir les systèmes lymphatiques paresseux.

Le silence

Parfait pour évacuer les pensées et apprécier le silence et le calme intérieur. À pratiquer au moins cinq minutes par jour.

1. Asseyez-vous dans l'une des trois postures suivantes : *sukhasana* (en tailleur), *vajrasana* (assis sur les talons), *padmasana* (lotus ou demi-lotus) ou dans une position confortable de votre choix, avec le dos droit.

2. Mettez les mains en position de *dyana-mudrâ* : dans le creux des jambes, la main droite repose sur la main gauche, les paumes tournées vers le haut, les extrémités des pouces en contact. Fermez les yeux.

3. Concentrez-vous sur votre respiration, sans la contrôler ni la modifier. Observez l'air qui rentre et sort par les narines.

4. Prenez conscience de l'air froid qui rentre et de l'air chaud qui sort. Toujours les yeux fermés, concentrez-vous sur votre tête, écoutez le silence intérieur.

5. Peut-être que vos pensées vont et viennent, sans pour autant vous gêner, les écouter vous épuise. Continuez à observer, mettez en pause pour quelques secondes ces pensées. Focalisez encore votre concentration sur la respiration pendant une minute avant de terminer.

Conseils

Les grands peuvent lire la description de cette technique et l'appliquer. Pour les enfants, vous pouvez méditer tout en leur expliquant.

- BIENFAITS -

Cette technique de méditation vous permet de découvrir ce moi intérieur qui vous parle et de vous apprendre le silence de l'esprit sans des pensées polluantes.

Le poisson assis – *Ardha Matsyendrasana*

Cette posture de poisson assise avec une torsion est une des postures essentielles en yoga.

1. Asseyez-vous les jambes tendues devant vous.
2. Pliez la jambe droite en ramenant le pied droit à l'extérieur du genou gauche.
3. Pliez la jambe gauche en ramenant le pied gauche à droite de la hanche droite.
4. Tournez le buste le plus possible vers la droite.
5. Avec la main gauche, tenez la cheville droite, le coude gauche prenant appui sur l'extérieur du genou droit. Le bras droit tendu qui est dans l'axe du corps sert d'appui à l'arrière. La tête est tournée vers l'épaule droite. Maintenez la position quelques secondes en respirant normalement.

Recommencez la posture en inversant le croisement des jambes et en tournant le buste vers la gauche. Répétez la posture trois fois en alternant les côtés.

- BIENFAITS -

Cette posture étire les muscles du dos et assouplit la colonne vertébrale. Elle stimule l'estomac, les intestins, les reins et favorise la digestion et l'élimination. Par la torsion qu'elle exerce sur les organes elle permet de renvoyer la lymphe dans tout le corps.

Le chien – *Adhomukhasvanasana*

Vous allez réaliser la posture du chien soit en gardant les deux pieds au sol, soit en levant une jambe.

1. Mettez-vous à quatre pattes.
2. En inspirant, appuyez sur les deux mains et en même temps soulevez les fesses.
3. Les jambes et les bras doivent rester bien droits, tendus et la tête penchée entre les deux bras.
4. Essayez de soulever un des deux pieds et de tendre la jambe en l'air, dans la mesure du possible.
5. Maintenez la position quelques secondes en respirant normalement.
6. Puis, en expirant, revenez en position initiale à quatre pattes.

Répétez trois fois la posture en changeant de jambe.

Conseils

Demandez aux plus jeunes d'imiter l'aboiement d'un chien et aidez votre enfant à lever la jambe si l'exercice lui semble difficile.

- BIENFAITS -

Avec la tête penchée, cette posture améliore une bonne circulation de la lymphe. Elle étire les muscles des épaules, des mollets et des mains. Elle renforce les bras et les jambes. Elle développe l'équilibre quand elle est effectuée avec une jambe en l'air.

Le pont – *Setu bandha sarvangasana*

Vous allez former un pont avec votre dos en vous allongeant.

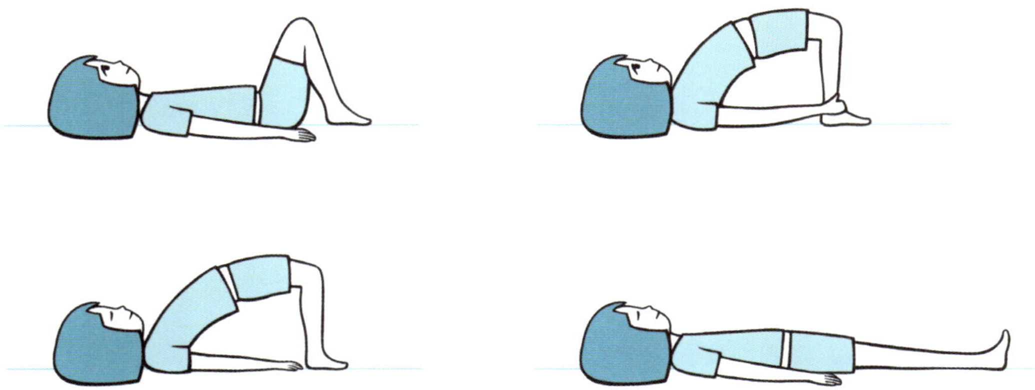

1. Allongez-vous sur le dos et pliez les jambes, avec les genoux vers le haut.

2. En attrapant les deux chevilles avec les mains et en inspirant, soulevez les fesses au maximum, comme pour former un pont. Courbez le plus possible la base du dos. Rapprochez le torse du menton.

3. Selon la souplesse du dos, vous pouvez tenir les chevilles ou les lâcher, poser les mains à plat au sol ou encore les joindre sous le dos. Essayez de maintenir la position pendant quelques secondes en respirant normalement.

4. En expirant, revenez en position allongée.

Répétez la posture trois fois.

Conseil

Pour les plus jeunes, un adulte peut soutenir le dos pendant la posture.

- BIENFAITS -

Cette posture permet d'améliorer l'irrigation du cerveau et la circulation du liquide lymphatique dans tout le corps. Elle ouvre le torse, étire le cou et le dos. Elle favorise la digestion en stimulant les organes abdominaux, les poumons et la thyroïde. Elle renforce les muscles du dos et assouplit la colonne vertébrale.

La chute d'eau – *Sukhasana*

Cette posture en tailleur peut se pratiquer comme un exercice de détente assise ou comme un exercice de méditation avec ou sans une mudrâ.

1. Asseyez-vous sur le sol, les jambes croisées en tailleur. Le bas du dos doit être légèrement cambré pour que la colonne vertébrale soit bien droite. Relâchez les épaules, le cou et la mâchoire. Respirez calmement par le nez. Fermez les yeux pour une meilleure concentration.

2. Commencez la méditation en imaginant une très jolie chute d'eau, qui s'écoule depuis le sommet de la tête. Comme l'eau n'a pas de limite, elle va s'écouler et couvrir tout votre corps de la tête jusqu'aux pieds.

3. L'eau épousant la forme de votre corps, elle va s'écouler devant, derrière, sur les côtés, du haut vers le bas, sans manquer aucune partie.

4. Essayez de ressentir l'eau qui glisse sur votre corps à travers chaque partie du corps du sommet aux pieds.

À la fin, restez une minute pour observer votre respiration.

Conseils

La séance peut durer entre cinq et dix minutes. L'adulte peur guider les plus jeunes. Vous pouvez utiliser les mêmes mots que dans la technique de concentration sur le corps. Ceux qui n'ont jamais vu une chute d'eau peuvent la remplacer par l'eau d'une douche, d'une fontaine ou encore la pluie.

- BIENFAITS -

Cette technique aide à se détendre et à retrouver le calme. Une pratique régulière, permet d'apaiser le rythme cardiorespiratoire, la pression artérielle, réduire la tension musculaire et d'améliorer la circulation de la lymphe.

Le système endocrinien

Le système endocrinien regroupe l'ensemble des organes et des tissus qui sécrètent des hormones.

Voici les glandes endocrines les plus connues.

- La **thyroïde** et les parathyroïdes sont situées dans le cou.
- La **pinéale** et l'**hypophyse** sont situées respectivement dans le cerveau et à la base du cerveau.
- Le **pancréas**, situé à proximité du foie lui y est étroitement lié.
- Les **glandes surrénales** ou les **glandes suprarénales** sont situées au-dessus des reins.
- Les **ovaires** chez les femmes sont situés dans le bassin tandis que les **testicules**, les glandes reproductrices masculines correspondantes sont dans le scrotum.

Les hormones sont libérées dans le sang par ces différentes glandes situées dans tout le corps et agissent comme des messagers chimiques qui donnent les informations nécessaires au bon fonctionnement de l'organisme. Le système endocrinien est en étroite relation avec le système nerveux (p. 74). Produites par les glandes endocrines, ces hormones interviennent dans la régulation de la croissance lors de la puberté, le développement tissulaire, dans la coordination du métabolisme, dans le processus de reproduction et également tout au long de la grossesse chez la femme.

Les glandes endocrines influencent toutes les autres structures du corps humain, y compris les nerfs. Ces glandes sont appelées endocrines parce qu'elles ont une sécrétion interne par opposition à la sécrétion externe comme la bile du foie ou le suc pancréatique du pancréas. Les sécrétions externes quittent les glandes sécrétrices par des canaux tels que le canal biliaire ou le canal pancréatique. Mais les sécrétions internes sont évacuées directement dans le courant sanguin sans quitter les glandes de leur origine.

Le saviez-vous ?

L'adrénaline est l'hormone de la peur qui agit quasi instantanément face à un danger. Elle prépare le corps à agir rapidement face au danger. En augmentant la fréquence cardiaque et en mettant plus de glucose à la disposition des muscles, elle nous rend plus rapide et plus fort en quelques secondes.

Le rôle du yoga sur le système endocrinien

Certains problèmes de santé sont causés par l'incapacité des glandes à sécréter ou à produire des hormones. La pratique régulière du yoga aide à les prévenir et à traiter un certain nombre de maladies ou de problèmes de santé résultant d'une disharmonie ou d'un dysfonctionnement hormonal.

Des expériences ont montré que les sécrétions endocriniennes ont un fort pouvoir sur le système nerveux, maintenant ainsi l'équilibre physiologique des organismes humains. Si la qualité des sécrétions est affectée, des pathologies diverses apparaissent dans tout le corps. Dès que la sécrétion est modifiée, les cellules des parties les plus éloignées du corps humain commencent lentement à subir un changement. Réguler l'activité de ces glandes peut être possible grâce aux postures de yoga de manière naturelle. En assurant la santé des organes endocriniens, la thérapie yogique vise le retour à la normale des sécrétions internes.

L'hypophyse est la glande maîtresse qui régule la sécrétion dans toutes les autres glandes endocrines et est directement contrôlée par le cerveau. Le poirier (p. 36) est la posture la plus bénéfique pour cette glande.

La thyroïde et les glandes parathyroïdes contrôlent le taux métabolique de base, la croissance et les processus cellulaires. La parathyroïde contrôle le calcium et le phosphate présents dans le sang. Les postures de la chandelle (p. 72) et de la charrue (p. 97) massent ces deux glandes.

La sécrétion des **glandes pancréatiques et surrénales** est essentielle à la vie. Elle est fortement affectée par l'état émotionnel et physique. Le pancréas produit de l'insuline pour réguler la glycémie et est aidé par les postures de la sauterelle (p. 45), de l'arc (p. 139), du poisson assis (p. 62), de l'archer (p. 96), qui massent également la rate.

Les hormones sexuelles féminines sécrétées par les **ovaires** sont la principale source d'œstrogènes, l'hormone qui régule le cycle menstruel, la grossesse, l'allaitement, l'apparence physique et la sexualité féminine. La testostérone, l'hormone sexuelle mâle produite par les **testicules** est la plus importante de toute pour l'homme. La pratique régulière des postures de yoga et des exercices de respirations maintient ces hormones sexuelles en équilibre et aide à soulager les problèmes sexuels.

Les glandes surrénales produisent une variété d'hormones telles que l'adrénaline et la cortisone qui sont importantes dans le contrôle du stress et de l'immunité. Les postures de torsion sont un puissant stimulant pour les glandes surrénales, les amenant à libérer de l'énergie supplémentaire pour augmenter le niveau de vitalité. En général, une bonne pratique de médiation régulière stabilise également les hormones.

La méditation en pleine conscience

Cette technique de méditation vous apprend à vivre chaque instant en pleine conscience.

1. Asseyez-vous dans une position confortable de votre choix, avec le dos droit.

2. Mettez les mains en position de *dyana-mudrâ* (p. 61). Vous pouvez aussi pratiquer une autre mudrâ que vous souhaitez.

3. Avec les yeux fermés, concentrez-vous sur votre respiration naturelle, sans la contrôler ni la modifier. Observez l'air qui rentre et sort par les narines. Prenez conscience de l'air froid qui rentre et l'air chaud qui sort.

Le saviez-vous ?

Qu'est-ce que la pleine conscience ? C'est un état de conscience qui résulte du fait de porter son attention, avec intention, au moment présent, sans jugement de valeur, sur l'expérience qui se déploie moment après moment. C'est de l'acceptation. Nous pouvons être en pleine conscience en toutes circonstances, en marchant, en mangeant, en regardant la télé et en parlant. Nous ne sommes pas obligés de rester assis pour pratiquer la pleine conscience. Mais nous avons besoin de cette expérience pour la comprendre. Donc, pendant la méditation, on pratique la pleine conscience, en se focalisant sur l'instant présent. Il n'y a pas d'imagination dans la pratique de la pleine conscience. C'est le fait d'observer la réalité telle qu'elle est et de l'accepter.

- BIENFAITS -

Cette technique vous aide à évacuer le stress, gérer les émotions en stabilisant non seulement vos hormones telles que l'adrénaline et la cortisone et aussi bien d'autres hormones du système endocrinien.

L'oiseau

Adaptez la posture à la souplesse et l'équilibre de chacun.

1. Asseyez-vous les jambes allongées et les pieds joints.

2. Repliez les jambes en ramenant les genoux vers le sol. Les plantes des pieds se touchent, comme dans la figure du papillon (voir p. 43), les mains entrelaçant les orteils (ou les pieds).

3. Penchez-vous légèrement en arrière, dans une position d'équilibre. Tout en tenant les pieds ou les orteils, tendez et écartez lentement les jambes en pointant les orteils vers le haut. Maintenez la position de l'oiseau pendant quelques secondes, en respirant normalement.

4. Reprenez la position assise, jambes repliées.

5. Revenez en position initiale en allongeant les jambes.

Répétez trois fois la posture.

Conseils

En cas de difficulté, vous pouvez mettre la main au sol, derrière vous, pour vous soutenir. Pour ne pas tomber et/ou perdre l'équilibre, vous pouvez tenir les jambes au niveau des cuisses.

- BIENFAITS -

Cette posture stimule les organes abdominaux et le pancréas en aidant les glandes endocriniennes. Elle étire les muscles ischio-jambiers et renforce les muscles du dos et du ventre.

Le héron – *Krounchasana*

Allez à votre rythme. Maîtrisez la posture, la souplesse suivra.

1. Asseyez-vous, les jambes tendues devant vous.
2. Repliez la jambe droite vers la hanche du même côté.
3. Avec les deux mains jointes, attrapez le pied gauche.
4. Relevez progressivement la jambe gauche, qui doit rester tendue.
5. Essayez de toucher la jambe avec le front (si vous pouvez). Maintenez la posture quelques secondes en respirant naturellement.

Recommencez en inversant les jambes et répétez trois fois la posture en changeant les côtés.

Conseils

En cas de difficulté, mettez-vous en tailleur et tendez la jambe gauche. Si vous n'arrivez pas à attraper le pied, attrapez le mollet.

- BIENFAITS -

C'est une excellente posture pour stimuler les organes abdominaux. Elle aide à réguler les hormones pancréatiques. Elle étire le mollet et les ischio-jambiers de la jambe tendue et les quadriceps de la jambe au sol. Elle stimule aussi le cœur.

La chandelle - *Sarvangasana*

C'est la reine des postures !* Sarvangasana *signifie « posture de toutes les parties du corps ».

1. Allongez-vous sur le dos en gardant les bras le long du corps. Levez les jambes tendues à la verticale.

2. Inspirez et poussez doucement le corps vers le haut, en tenant le bas du dos avec les deux mains. Peu à peu, remontez les mains vers les omoplates jusqu'à ce que le corps repose sur les épaules (si possible sans forcer).

3. Pour revenir à la position initiale, soit vous descendez le bassin vers le sol en déroulant lentement la colonne vertébrale, soit vous baissez les jambes à l'arrière de la tête. Puis placez les mains à plat au sol derrière le dos et descendez doucement vertèbre par vertèbre.

Répétez trois fois la posture.

Conseils

Respirez normalement dans la posture. Ne prenez pas la posture avec un élan. Ne tournez à aucun moment la tête pendant l'exécution de cette posture. Vous pouvez enchaîner avec la charrue (p. 97) ou faire cette posture vers la fin d'une séance de yoga. Terminez par le savasana (p. 56) pour vous relaxer quelques minutes.

- BIENFAITS -

Cette posture stimule la glande thyroïde, une glande endocrine située à la base avant du cou. Elle régule les grands métabolismes de notre organisme et des hormones qui agissent à distance et régulent de nombreux paramètres. À tous les âges de la vie, les hormones thyroïdiennes contribuent au fonctionnement de nombreux organes (transit intestinal, fréquence cardiaque, régulation de l'humeur et de la température corporelle).

L'imagination sans limite

Cette détente se pratique selon votre imagination et visualisation.

1. Allongez-vous au sol, sur le dos en gardant les jambes tendues et légèrement espacées, les bras éloignés de votre corps et les paumes tournées vers le haut.

2. Une fois dans la bonne position, fermez vos yeux et respirez de manière lente et profonde trois à cinq fois pour une meilleure concentration. À l'issue de ces cycles reprenez votre respiration naturelle.

3. Relâchez les muscles qui ont été mis à rude épreuve et qui doivent se détendre.

4. Ensuite c'est à vous d'imaginer librement un endroit : à la plage, au pied de la montagne, sur un océan, sur la neige, sur la pelouse, sous le soleil, ou sous la pluie tropicale.

5. Une fois la situation imaginée et choisie, vous pouvez faire un aller-retour mental des pieds à la tête et de la tête au pied.

6. Ainsi votre corps est bien détendu.

Restez allongé quelques minutes. Vous pouvez vous endormir si vous en ressentez le besoin.

- BIENFAITS -

La relaxation complète de votre corps apporte un état de bien-être, de calme et de concentration. Elle diminue le stress musculaire et mental, qui permettra de réguler les différentes hormones.

Le système nerveux

Le système nerveux est un réseau de nerfs qui transmettent les informations qui vont et viennent du cerveau, sous forme d'impulsion électrique. Celui-ci commande tous les muscles et les organes du corps à travers les nerfs.

Ce système est composé de deux parties principales :

- **Système nerveux central** (SNC) est formé du cerveau et de la moelle épinière qui sont un amas de neurones, les cellules nerveuses qui reçoivent et envoient des informations.
- **Système nerveux périphérique** (SNP) est essentiellement composé de nerfs qui vont du système nerveux central à toutes les parties du corps. Celui-ci est composé de douze paires de nerfs crâniens et de trente et une paires de nerfs qui se ramifient et relient toutes les parties du corps et les organes.

Les organes liés aux cinq sens perçoivent les informations de l'environnement extérieur et les transmettent au cerveau. Ce dernier transmet à son tour les informations vers les os et les muscles pour déclencher par exemple les mouvements de notre corps ou encore vers les organes pour leur fonctionnement.

Tout changement dans le fonctionnement d'un organe ou d'un système entraîne des changements dans les fonctions d'autres organes ou systèmes. Par exemple, quand vous faites des postures de yoga, le cerveau commande aux poumons et au cœur d'apporter plus d'oxygène et nutriments pour les muscles dont il commande en même temps les mouvements. Puis il commande les poumons pour le rejet du dioxyde de carbone et l'absorption de l'oxygène. Tout cela nécessite une circulation sanguine et une respiration plus rapide qui peut se faire par l'accélération de la fonction cardiorespiratoire.

Le saviez-vous ?

Les signaux nerveux peuvent se déplacer jusqu'à 430 km/h, plus vite qu'un TGV !
Le cerveau humain est capable de traiter une information en quelques secondes (estimé à 3 secondes).
Pour faire transiter l'information encore plus vite, le cerveau contient de nombreuses fibres nerveuses recouvertes d'une gaine isolante qu'on appelle myéline. Si on les mettait toutes bout à bout, on obtiendrait entre 150 000 à 180 000 kilomètres environ, ce qui équivaut à 4 fois le tour de la Terre.

Le rôle du yoga sur le système nerveux

Le yoga entretien un lien particulier avec le système nerveux, un système essentiel dans la réalisation des postures. Beaucoup de bienfaits du yoga découlent de ce lien. Une pratique régulière incite lentement le système nerveux à passer d'une situation de stress au rythme naturel du corps.

Les mouvements dans le yoga partent toujours de la colonne vertébrale. Ils stimulent la moelle épinière, donc touchent aussi le système nerveux central. Par ailleurs, les postures conditionnent non seulement les nerfs rachidiens et les disques vertébraux environnants, mais maintiennent également un liquide céphalo-rachidien sain dans la boîte crânienne.

La stimulation du nerf vague, le neuvième mais aussi le plus long nerf du crâne, est un exemple des effets bénéfiques du yoga sur le système nerveux périphérique. Il connecte le cerveau aux organes vitaux comme le cœur, les poumons, le foie, l'estomac, le côlon, la rate et d'autres parties de l'abdomen.

Les postures de yoga, le *pranayama* et la méditation contribuent beaucoup au maintien d'un cerveau sain, actif et puissant. Les postures comme l'enfant (voir p. 80), le chien (voir p. 63), la féroce (voir p. 53), le poirier (voir p. 36), réalisées avec la tête en bas sont très utiles pour augmenter le flux du sang vers le cerveau et la moelle épinière. Ainsi, les nutriments et l'oxygène contenus dans le sang en irriguant abondamment le cerveau permettent un meilleur fonctionnement du système nerveux. En retour, il accélère les stimuli nerveux vers le corps et l'esprit.

- BIENFAITS -

Par ailleurs, avec une pratique régulière de la méditation, on s'ancre dans le moment présent et se concentre sur la respiration en pleine conscience. Ainsi la plasticité neuronale du cerveau peut être remodelée. C'est-à-dire que le cerveau et les cellules qui le composent se connectent et se reconnectent en se modifiant. Le cortex cérébral, la couche de tissus recouvrant le cerveau, associé à des niveaux de pensée plus élevés, se voit renforcer.

La statue

Cette technique peut vous aider à rester dans l'instant présent, que nous pouvons maîtriser. En vivant dans le passé ou dans le futur, sur lesquels nous n'avons aucun pouvoir, nous oublions de profiter de cet instant présent.

1. Asseyez-vous dans une position confortable de votre choix, avec le dos droit.

2. Si vous le souhaitez, réalisez avec vos mains une des mudrâs que vous préférez. Les yeux fermés, concentrez-vous sur votre respiration telle qu'elle est, sans la contrôler ni la modifier. Ceci n'est pas un exercice de respiration. Observez l'air qui rentre et qui sort par les narines. Prenez conscience de l'air froid qui entre et de l'air chaud qui sort.

3. En prenant conscience (visualisez avec les yeux fermés) de votre respiration, de votre mudrâ, de votre position assise, des vêtements que vous portez, concentrez-vous sur vos sens. Vous êtes dans le moment présent.

4. Si vous êtes assis pendant des minutes sans bouger, peut-être avez-vous des fourmillements dans les pieds, des picotements ailleurs, des démangeaisons ou d'autres sensations dans certaines parties du corps. Ou peut-être avez-vous envie de vous gratter, d'ouvrir les yeux ? Essayez de rester comme une statue sans réagir juste pour quelques temps. Comme rien n'est permanent, toutes ces sensations cesseront à un moment ou à un autre.

Vous ne portez aucun jugement sur ce moment présent. Vous restez sans réaction. Par conséquent, il n'y a ni opposition à ces sensations ni émotion négative. Vous acceptez le moment tel qu'il est.

Conseil

Rester dans le moment présent est une action positive. C'est beaucoup plus efficace qu'une réaction négative comme de la colère, du désespoir ou de la frustration.

- BIENFAITS -

Cette technique peut vous aider à vous concentrer sur la respiration et mieux gérer le stress en restant sur l'instant présent et en acceptant la réalité. Rester sur le moment présent va agir de manière bénéfique sur le système nerveux.

La mudrâ originelle - *Aadhi Mudrâ*

Vous pouvez réaliser cette mudrâ en vous concentrant sur la respiration naturelle. Il est possible de le réaliser en dehors d'une séance de méditation.

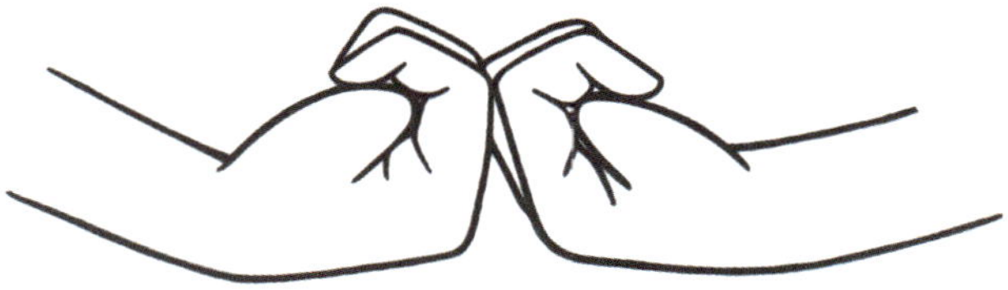

1. Asseyez-vous avec les jambes croisées en tailleur ou dans une position confortable de votre choix.

2. Ramenez l'extrémité des pouces à la base de l'auriculaire. Pliez les quatre autres doigts de manière à cacher vos pouces.

3. Joignez vos phalanges, paumes vers le haut, et posez vos mains sur vos genoux ou vos cuisses.

4. Avec les yeux fermés, concentrez-vous sur votre respiration naturelle telle qu'elle est sans la changer ni la modifier. Ce n'est pas un exercice de respiration. Observez l'air qui rentre et sort par les narines. Prenez conscience de l'air froid qui entre et de l'air chaud qui sort. Vous remarquerez qu'une des narines laisse passer moins d'air que l'autre. Il a été constaté qu'ils s'alternent environ toutes les heures.

Concentrez-vous sur le torse ou le ventre qui se gonfle et se dégonfle, tout en dilatant et en contractant les poumons.

Conseil

Pour que votre enfant comprenne bien l'exercice, vous pouvez comparer cette mudrâ à un escargot qui rentre dans sa coquille.

- BIENFAITS -

Cette mudrâ aide à calmer le système nerveux et facilite la respiration dans l'abdomen inférieur. Elle augmente la capacité vitale des poumons et le flux d'oxygène au niveau de la gorge et de la tête.

Le bébé heureux – *Anandha balasana*

Voici une posture allongée et relaxante qui aide à détendre la colonne vertébrale. Elle peut être pratiquée en dynamique ou en statique.

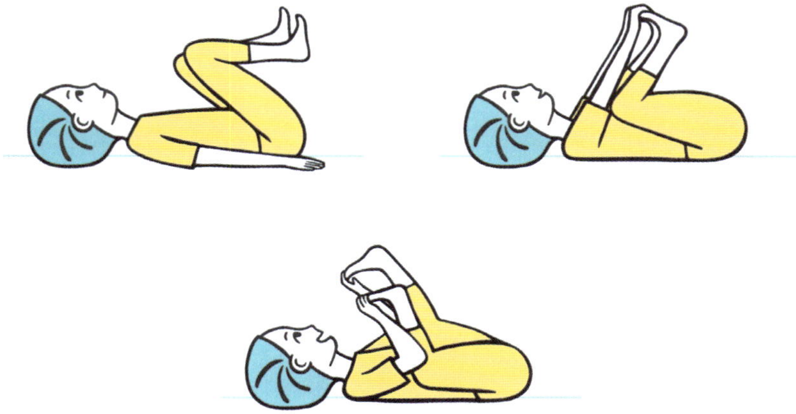

1. Allongez-vous sur le dos avec les jambes tendues. Ramenez les jambes pliées en gardant les genoux sur chaque côté du torse.

2. En passant les bras à l'intérieur des genoux, attrapez les gros orteils avec chacune des mains. En gardant la plante des pieds vers le haut, écartez les jambes, en ramenant les genoux vers les aisselles, comme le ferait un bébé heureux. Maintenez la posture durant cinq à huit respirations.

3. Pour la posture dynamique : en inspirant ramenez le gros orteil du pied droit vers le buste ou la poitrine et en expirant tendez le pieds vers le haut. Faites le même mouvement avec la jambe gauche. Essayez de faire les mouvements trois fois en pliant et en tendant alternativement chaque jambe. En expirant revenez en position initiale, allongée avec les jambes tendues.

- BIENFAITS -

Cette posture détend la colonne vertébrale, les pieds, les jambes et les bras. Elle favorise l'ouverture optimale du bassin, des épaules, de l'aine, des cuisses et des hanches. Elle permet de relâcher le nerf sciatique et la région lombaire.

L'enfant – *Balasana*

C'est une posture assise pour vous détendre. Elle peut être pratiquée en tant que contre-posture après des postures avec le dos cambré, comme la sauterelle (p. 45), la roue (p. 143), le narval (p. 126), le chameau (p. 132), etc.

1. Mettez-vous à genoux et asseyez-vous sur les talons.

2. En inspirant, placez les bras tendus au-dessous de la tête. En expirant, penchez-vous vers l'avant de manière à toucher le sol avec le front et les bras le long du corps.

3. Maintenez la position quelques secondes, en respirant normalement. Pour terminer, en inspirant, levez les bras tendus au-dessous de la tête et en expirant ramenez les bras le long du corps.

Répétez trois fois la posture.

- BIENFAITS -

Cette posture assouplit le dos, les muscles des jambes et des chevilles. Elle vous permet aussi de vous détendre totalement et aide le système nerveux à mieux fonctionner.

Le crocodile – *Makarasana*

C'est une posture allongée et relaxante qui aide à détendre la colonne vertébrale. Vous pouvez la pratiquer après avoir réalisé des postures sur le ventre.

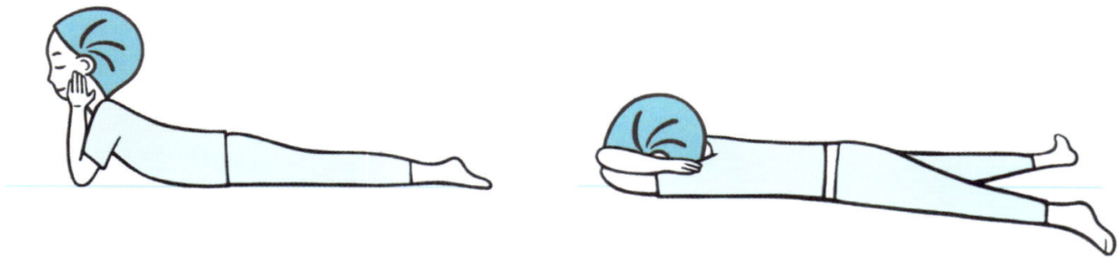

1. Allongez-vous sur le ventre, le front contre le sol. Soulevez la tête, repliez les deux bras, collez les deux mains pour former un V. Reposez dedans le menton. Tendez les jambes avec les plantes de pieds vers le plafond. Restez quelques secondes en respirant naturellement.

2. Ensuite, écartez légèrement les jambes. Tournez les pieds vers l'extérieur et essayez de poser les talons au sol. Croisez les bras pour y reposer le front. Respirez naturellement et restez concentrer sur la respiration et la posture. Essayez de relâcher les muscles contractés. Vous pouvez rester dans cette posture entre trois et cinq minutes.

Relevez-vous doucement après avoir joint les deux jambes pour terminer.

Conseils

Pour animer cette posture les enfants peuvent se transformer en crocodile. Quand vous formez le V, vous attendez la proie, et quand vous êtes couché, vous détendez les muscles de tout le corps.

- BIENFAITS -

Cette posture est bénéfique pour la colonne vertébrale, donc pour le système nerveux. Elle étire les muscles du dos et les fessiers. Elle aide à se relaxer et à s'endormir.

Le système musculaire

Le système musculaire est composé de trois grands types de muscles.

- **Les muscles squelettiques** transforment l'énergie chimique, par l'assimilation des nutriments et de l'oxygène contenu dans le sang, en mouvement. Ils sont constitués de petites structures allongées en forme de fil, appelées « fibres musculaires ». À sa guise, une personne peut provoquer des mouvements, car les muscles qui leur sont liés dépendent de la volonté de l'individu. C'est pourquoi ces muscles sont appelés volontaires.

- **Les muscles lisses** obéissent au cerveau mais pas à notre volonté. Ce sont donc des muscles involontaires. Ils fonctionnent d'eux-mêmes car ils ont en charge les fonctionnements des besoins vitaux. On les trouve dans les organes internes comme la vessie, l'estomac et les intestins.

- Les derniers sont **les muscles cardiaques involontaires**, qui se contractent et se relâchent automatiquement pour actionner les battements du cœur. Les parois des artères sont aussi constituées de muscles involontaires.

Par ailleurs, le **diaphragme** est un des muscles volontaires le plus important du corps humain, car il participe au processus de la respiration. Il sépare le thorax de l'abdomen, servant de cloison entre les deux. Le diaphragme est un muscle en forme de dôme, dont la surface convexe est tournée vers la poitrine.

Le diaphragme n'est cependant pas le seul muscle qui active la respiration. D'autres muscles coopèrent avec lui. Situés entre les côtes, ils sont appelés **intercostaux**.

Sur le côté du ventre, il y a un certain nombre de muscles forts, qui maintiennent ensemble les viscères abdominaux. Seulement deux d'entre eux, les deux muscles droits, traversent verticalement la paroi avant de l'abdomen. Sur la face supérieure, ils sont attachés aux côtes et sur la partie inférieure à l'os pubien. Quand ils se contractent, ils donnent une courbure vers l'avant au corps. Pendant la respiration, ils se déplacent en coopération avec le diaphragme, massent les différents organes maintenus dans la cavité abdominale et favorisent leur santé.

Le saviez-vous ?

Le corps humain contient plus de 640 muscles dont environ 570 sont des muscles squelettiques qui nous aident à contrôler le mouvement en bougeant.

Le rôle du yoga sur le système musculaire

Le système musculaire squelettique se compose de près de 500 muscles. Les muscles couvrent non seulement le squelette, mais occupent également les parties les plus profondes du corps humain. Les différentes postures de yoga font travailler ces muscles.

Les postures de yoga ont un effet fortifiant et tonifiant sur le système musculaire du corps humain, avec une réduction de la masse graisseuse. Les muscles peuvent être contractés, noués, soit pour des raisons mécaniques, soit pour des raisons émotionnelles. C'est ce qui donne cette impression de détente maximale après une séance de yoga. Comme avec un massage de tout le corps, les étirements conjoints aux contractions et aux pressions permettent d'avoir un résultat très efficace sur les tensions. Les muscles deviennent plus forts et bien tonifiés si les postures de yoga sont pratiquées régulièrement.

Lors d'une séance de yoga, le diaphragme augmente son déplacement de haut en bas. Sur le côté de l'abdomen, sa descente exerce une pression sensible sur les viscères abdominaux, ce qui s'apparente à un massage, aidant à maintenir leur santé.

Lorsque les muscles travaillent à travers les postures de yoga, ils se contractent et deviennent par conséquent plus courts et plus épais dans la partie médiane. Cet épaississement du muscle au milieu peut être mieux ressenti dans le cas des biceps. Ce muscle traverse le haut des bras à l'avant et son travail est responsable de la flexion des avant-bras dans les coudes.

Les postures de yoga, suivies dans les règles de l'art et dans le respect des limites de chacun, ont aussi un effet thérapeutique sur le système musculaire, en particulier sur les affections musculaires et l'arthrite. Certaines des postures essentielles guérissent les problèmes musculaires, comme le triangle (p. 155), le crocodile (p. 81), le vent (p. 145) et le cobra (p. 151).

Les postures debout apportent de la force au corps. Elles étirent et renforcent les muscles du dos, des épaules et des jambes, raffermissant ainsi les organes du système urinaire (p. 100). Elles sont recommandées pour ceux qui passent beaucoup de temps assis, ceux qui souffrent d'une raideur ou de douleur dans le dos. Elles améliorent l'attitude corporelle, l'équilibre et les muscles utilisés pour garder le dos droit pendant la méditation et pour augmenter l'oxygénation et la capacité pulmonaire. Les figures de flexion à l'avant, à l'arrière et la torsion aident à la souplesse musculaire.

L'arbre - *Vrksasana*

La posture se pratique debout, vous allez solliciter votre équilibre.

1. Mettez-vous débout avec les jambes légèrement écartées.

2. Avec une jambe ancrée au sol, commencez à plier l'autre jambe, le pied tourné vers l'intérieur.

3. Amenez lentement le talon au niveau du genou de la jambe opposée. Si votre enfant est à l'aise, vous pouvez l'aider à monter son talon jusqu'à la cuisse.

4. Les deux bras ballants le long du corps s'écartent peu à peu, les paumes tournées vers le haut.

5. En inspirant, joignez les deux mains au-dessus de la tête, les bras tendus.
Le regard doit être fixe et porter loin devant soi. La fixation oculaire est importante pour maintenir l'équilibre.

6. Revenez en position initiale en expirant. Changez de côté, en ancrant l'autre jambe au sol et en pliant la jambe opposée. Répétez trois fois la posture pour chaque côté.

- BIENFAITS -

Cette posture développe la concentration, le sens de l'équilibre et les muscles du pied. Elle renforce les jambes et assouplit les épaules, les hanches, les genoux et les chevilles. L'ascension verticale des bras ouvre le thorax et facilite l'irrigation du cœur.

L'angle étiré - *Utthita Parsvakonasana*

La partie latérale de votre buste va former une ligne droite dans cette posture.

1. La posture se pratique debout, les jambes franchement écartées. En inspirant, levez les deux bras de chaque côté, parallèles au sol et les paumes de mains tournées vers le bas.

2. Pliez le genou droit en pivotant le pied vers l'extérieur (posture de guerrier II – Javelot).

3. Penchez-vous sur le côté droit en posant la main droite à plat, derrière le pied droit, tout en expirant.

4. Tendez le bras gauche au-dessus de la tête (en le collant à l'oreille gauche). Le corps doit former une ligne droite du bras gauche au pied gauche. Maintenez la posture quelques secondes en respirant normalement.

Revenez à la position initiale (si possible) dans le même ordre, puis recommencez en sens inverse. Répétez trois fois la posture en alternant les côtés.

- BIENFAITS -

Cette posture favorise l'écartement des épaules et du pelvis. Elle étire les muscles latéraux du dos, assouplit la colonne vertébrale et les genoux. Elle tonifie les cuisses.

L'iguane – *Utthan-pristhâsana*

Dans cette posture, vous ressemblez vraiment à un iguane au soleil.

1. Mettez-vous à quatre pattes.
2. Ramenez le pied gauche à plat à l'extérieur de la main gauche.
3. Tendez la jambe droite à l'arrière.
4. Pliez les coudes et posez les avant-bras au sol. Ramenez le ventre le plus près possible du sol, pour prendre la position du lézard ou iguane.
5. Maintenez la posture quelques secondes en respirant normalement.

Recommencez en inversant les côtés. Et répétez trois fois de chaque côté.

Conseils

Si vous avez du mal à poser les coudes, vous pouvez rester sur les mains. Faites la posture en dynamique en ramenant le corps vers le sol puis en remontant.

- BIENFAITS -

Cette posture permet d'ouvrir le torse, elle tonifie les cuisses, les jambes et les hanches. Elle aide à l'écartement du pelvis, assouplit les genoux, les poignets et les coudes.

Le guerrier I - *Virabhadrasana I*

Cette posture debout est une première étape pour faire la posture du singe. Cette dernière se pratique en descendant encore plus le corps pour mettre le genou près du sol.

1. Commencez en position debout. Avancez la jambe droite et fléchissez-la.
2. La jambe gauche à l'arrière est tendue. Le pied avant est perpendiculaire au pied arrière.
3. Tendez les deux bras parallèlement vers le haut et penchez la tête en arrière pour regarder vos bras.
4. Tenez quelques secondes la position en respirant lentement et revenez en position debout.

Répétez trois fois la posture en changeant de côté.

- BIENFAITS -

Cette posture développe la cage thoracique, ouvre les hanches, fortifie les jambes, les cuisses et les genoux. Elle étire la poitrine, le cou, le ventre, l'aine, et les épaules en les consolidant. Elle renforce également les bras et les muscles du dos. Elle améliore aussi l'endurance et la force, en particulier dans les jambes et les chevilles.

Les jambes levées- *Uttanpadasana*

C'est une posture allongée pour lever les jambes à la verticale en plusieurs étapes.

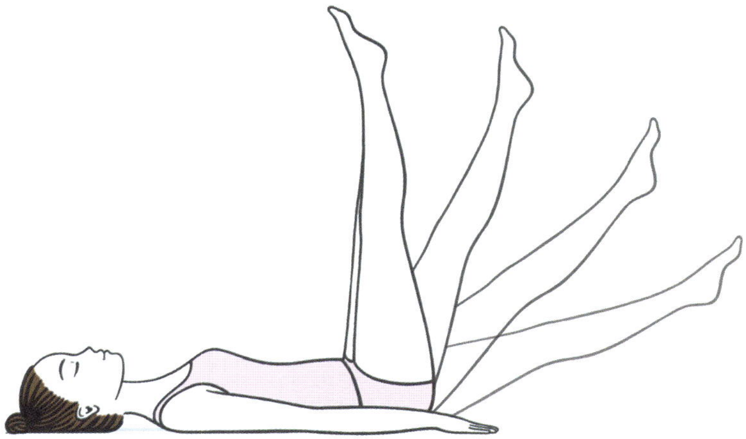

1. Allongez-vous sur le dos avec les jambes tendues. Posez les bras tendus sur les côtés le long du corps, avec la paume des mains tournées vers le sol pour un bon appui.

2. Respirez à votre rythme, levez doucement les jambes tendues et battez-les lentement avec des pauses, en plusieurs degrés. Au moins trois étapes sont nécessaires : 30°, 60°, 90°. Vous pouvez ajouter deux autres étapes à 15° et 45°.

3. Maintenez la position à 90° quelques secondes, en respirant naturellement.

4. Revenez en position initiale en redescendant la jambe de la même manière en plusieurs étapes.

Répétez trois fois la posture.

- BIENFAITS -

Cette posture fortifie les jambes, les cuisses et les genoux. Elle renforce également les muscles du dos et du ventre. Elle améliore aussi l'endurance et la force, en particulier dans les jambes et les chevilles.

Le système squelettique

Notre corps comprend environ 206 os qui forment le système squelettique. Ils sont entourés par des muscles et des tissus conjonctifs. Dans le squelette d'un adulte, il y a deux parties : le squelette axial et le squelette appendiculaire (des membres).

- Le squelette axial protège les organes et soutien le corps. Il est constitué de 80 os dont 28 du crâne, 26 des vertèbres, 24 des côtes, de l'os hyoïde (de la région cervicale) et du sternum.

- Le squelette appendiculaire joue un rôle essentiel dans les mouvements du corps. Il se compose de 126 os, dont ceux des épaules, des bras, du bassin, des jambes, des 27 os de chaque main et des 26 os de chaque pied.

- Les os ont une autre fonction importante : ils protègent les organes internes et les muscles mous, fragiles et précieux comme le cerveau et le cœur.

- Le squelette en véritable charpente de notre corps, il nous permet de nous soutenir et lui donne sa forme générale. Il intervient dans la production des cellules sanguines comme les globules rouges qui sont produites dans la moelle osseuse.

- L'os proprement dit se compose d'une couche extérieure dure et d'autres couches beaucoup moins dures et d'un noyau intérieur sous forme d'éponge. Malgré leurs apparences solides, les os qui composent le squelette sont des tissus vivants, qui se remodèlent sans cesse.

- Le squelette permet aussi de stocker des nutriments essentiels comme le calcium qu'on trouve dans les os et la moelle osseuse.

Le saviez-vous ?

Rien que les mains et les pieds totalisent à eux seuls 106 os, soit plus de la moitié des os du corps.Il y a plus de 300 os chez un nouveau-né, ce qui explique leur extrême souplesse. En grandissant leur nombre diminue car les os fusionnent, s'allongent et se fortifient.

Le rôle du yoga sur le système squelettique

Sans les os et le squelette, nous ne pourrions pas faire de postures de yoga. Et la colonne vertébrale joue un rôle central dans la pratique de cette discipline. Pour des êtres vertébrés comme nous, il n'est pas une figure de yoga qui ne sollicite la colonne vertébrale.

Les effets des pratiques yogiques sur le système squelettique sont l'augmentation de la lubrification des articulations, des ligaments et des tendons. Le yoga est une discipline très fiable, car les postures travaillent sur la précision de l'alignement des os.

Parce que les poses sont maintenues pendant une durée déterminée, cela donne au corps la possibilité d'augmenter le flux sanguin et de fournir à toutes les zones du corps les composants vitaux dont elles ont besoin. Elles aident également à corriger et à équilibrer les rôles que les articulations, les ligaments et les tendons jouent ensemble, en fournissant le soutien dont les membres du corps ont besoin pour fonctionner correctement.

Il est très important d'être attentif à vos articulations, qui sont une composante importante du système squelettique. En effet, jointant les os entre eux, elles doivent être bien lubrifiées. Dans le cas contraire votre mobilité commencerait à être limitée et vous deviendrez plus susceptible de vous blesser. Les poses de yoga soulagent les articulations raides et endommagées. Les mouvements contrôlés et les pressions douces du yoga soulagent les articulations en difficulté. De plus, les étirements contrôlés associés à des exercices de respiration profonde détendent et libèrent les muscles qui se sont grippés autour des articulations pour les protéger.

Une séance de yoga comporte non seulement des flexions à l'avant, arrière, sur les côtés, mais également des torsions. Par ailleurs, lors de la posture du poirier, les vertèbres lombaires ne supportent plus que le poids des jambes et du bassin. Cette posture permet de soulager la pression exercée sur les vertèbres par notre journée où nous sommes soit assis, soit debout pendant de longues périodes. Cette figure aide à la guérison de divers troubles mécaniques comme la hernie discale car elle libère la pression des vertèbres lombaires.

Le dragon - Guerrier III - *Veerabadrasana III*

C'est une posture debout en équilibre et en flexion avant.

1. Commencez en position debout, les pieds joints. En inspirant, levez les deux bras au-dessus de la tête.

2. Puis, en expirant, penchez-vous en avant en levant à l'arrière une jambe (si possible de manière à avoir les bras, le tronc et la jambe levée dans un même plan parallèle au sol). Fixez un point au sol ou devant pour garder l'équilibre. Essayez de tenir quelques secondes en respirant normalement. En inspirant, revenez en position avec les bras au-dessus de la tête. En expirant, ramenez les bras près du corps.

Refaites la figure en changeant de jambes. Répétez la figure encore deux fois de chaque côté.

Conseil

En cas de difficulté, tenez une chaise ou un mur pour quelques secondes, le temps de trouver l'équilibre.

- BIENFAITS -

Cette posture permet de se concentrer et de développer l'équilibre.
Elle renforce les fessiers, les cuisses et les abdominaux.

La salutation à la lune : la montagne, la lune sur les côtés, l'étoile, le triangle, la pyramide, le cavalier, la guirlande, le cavalier, la pyramide, le triangle, l'étoile, la lune sur les côtés, la montagne.

1. **Montagne :** tenez-vous debout, les jambes légèrement écartées. Tout en inspirant levez les bras sur les côtés, collez les paumes de mains au-dessus de la tête. Restez le temps d'une respiration.

2. **Lune :** en expirant, penchez-vous sur le côté droit. Revenez au centre en inspirant. En expirant penchez-vous sur le côté gauche et revenez au centre en inspirant.

3. **Étoile :** tendez les bras sur les côtés, parallèles au sol, en écartant au maximum les jambes pour former une étoile.

4. **Triangle :** penchez-vous sur le côté droit en posant la main droite à l'extérieur du pied droit, pour former un triangle. Pointez la main gauche vers le plafond tout en regardant devant vous.

5. **Guerrier** : ramenez la main gauche au sol, en gardant le pied droit entre les mains et le genou gauche au sol, regardez vers l'avant.

6. **Planche :** ramenez ensuite le deuxième pied en arrière, pour la posture de la planche. Tendez bien vos bras.

7. **Chien :** en vous appuyant sur la pointe des pieds levez les fesses en tendant les bras et les jambes, avec la tête vers le bas.

8. **Guerrier :** ramenez le pied gauche devant entre les deux mains, en posant le genou droit au sol.

9. **Triangle :** décollez le genou droit et la main droite pointant vers le plafond, en gardant la main gauche au sol, pour reformer le triangle.

10. **Étoile :** redressez-vous, les jambes écartées au maximum, avec les bras tendus sur les côtés parallèles au sol.

11. **Lune :** rapprochez les jambes, en expirant penchez sur le côté droit. Revenez au centre en inspirant. En expirant penchez-vous sur le côté gauche et revenez au centre en inspirant.

12. **Montagne :** revenez en position de la montagne, bras tendus mains collés au-dessus de la tête.

1
2
3
4
5
6
7
8
9
10
11
12

L'archer - *Akarna dhanurasana*

C'est une posture qui se pratique assise en tirant un pied vers une oreille. Ce pied vers l'oreille peut être comparé à un téléphone pour les enfants.

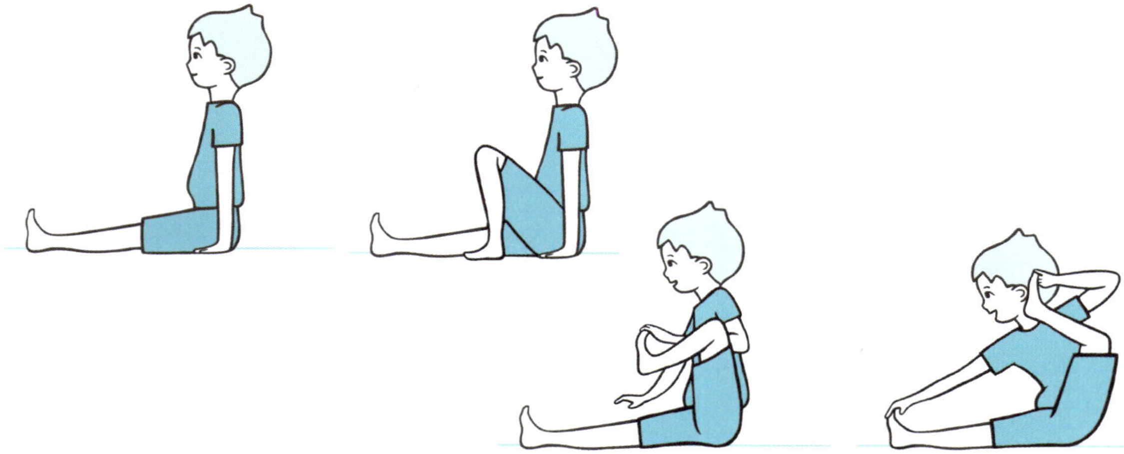

1. Asseyez-vous les jambes tendues devant vous.
2. Pliez la jambe gauche en ramenant le genou vers le buste.
3. Attrapez le gros orteil du pied gauche avec la main droite et tirez la jambe en ramenant le pied près de l'oreille gauche.
4. La main droite peut attraper le gros orteil gauche. Essayez de maintenir la position en respirant normalement. Recommencez avec l'autre pied.

Conseil

Pour s'aider, vous pouvez tirer votre pied vers l'oreille avec les deux mains dans les premiers temps.

- BIENFAITS -

Le nerf du gros orteil étant lié à celui de l'abdomen, les bienfaits de cette posture sur celui-ci sont nombreux. Elle assouplit également la hanche, renforce les bras et développe l'équilibre.

La charrue - *Halasana*

Cette posture se pratique en s'allongeant et avec une flexion devant.

1. Asseyez-vous, les jambes tendues devant vous et les pieds joints.
2. Penchez-vous en arrière en levant les pieds vers le ciel.
3. Basculez totalement en arrière pour ramener la pointe des pieds au sol, au-dessus de votre tête.
4. Les bras restent allongés au sol, les paumes vers le bas.
5. Maintenez la position quelques secondes, en respirant normalement.
6. Revenez à la position assise, les jambes repliées.
7. Puis allongez les jambes.

Répétez trois fois la posture.

Conseil

Pour les plus à l'aise : partez de la position allongée pour basculer en arrière et ramener les pieds au-dessus de la tête.

- BIENFAITS -

Cette posture renforce et assouplit le dos, la colonne vertébrale et les épaules de l'enfant. Elle améliore également la digestion et le système urinaire.

La danseuse - *Natarajasana*

C'est une posture debout en équilibre et flexion en arrière qui ressemble à un(e) danseur(se).

1. La posture se pratique debout avec le dos bien droit. Les épaules doivent être en arrière et les pieds parallèles.
2. Inspirez profondément, tendez le bras droit au-dessus de la tête.
3. Pliez la jambe gauche vers l'arrière et avec la main gauche. Attrapez le pied gauche.
4. Penchez-vous en avant.
5. Revenez en position initiale en expirant et recommencez de l'autre côté. Répétez trois fois la posture en changeant de côté.

Conseils

En cas de difficulté, vous pouvez vous appuyer sur le mur avec une main. Pour ne pas tomber et/ou perdre l'équilibre, vous pouvez tenir les jambes au niveau des cuisses. L'adulte peut également aider l'enfant à attraper son pied.

- BIENFAITS -

Cette posture développe la concentration, le sens de l'équilibre et les muscles du pied. Elle assouplit le dos et les hanches.

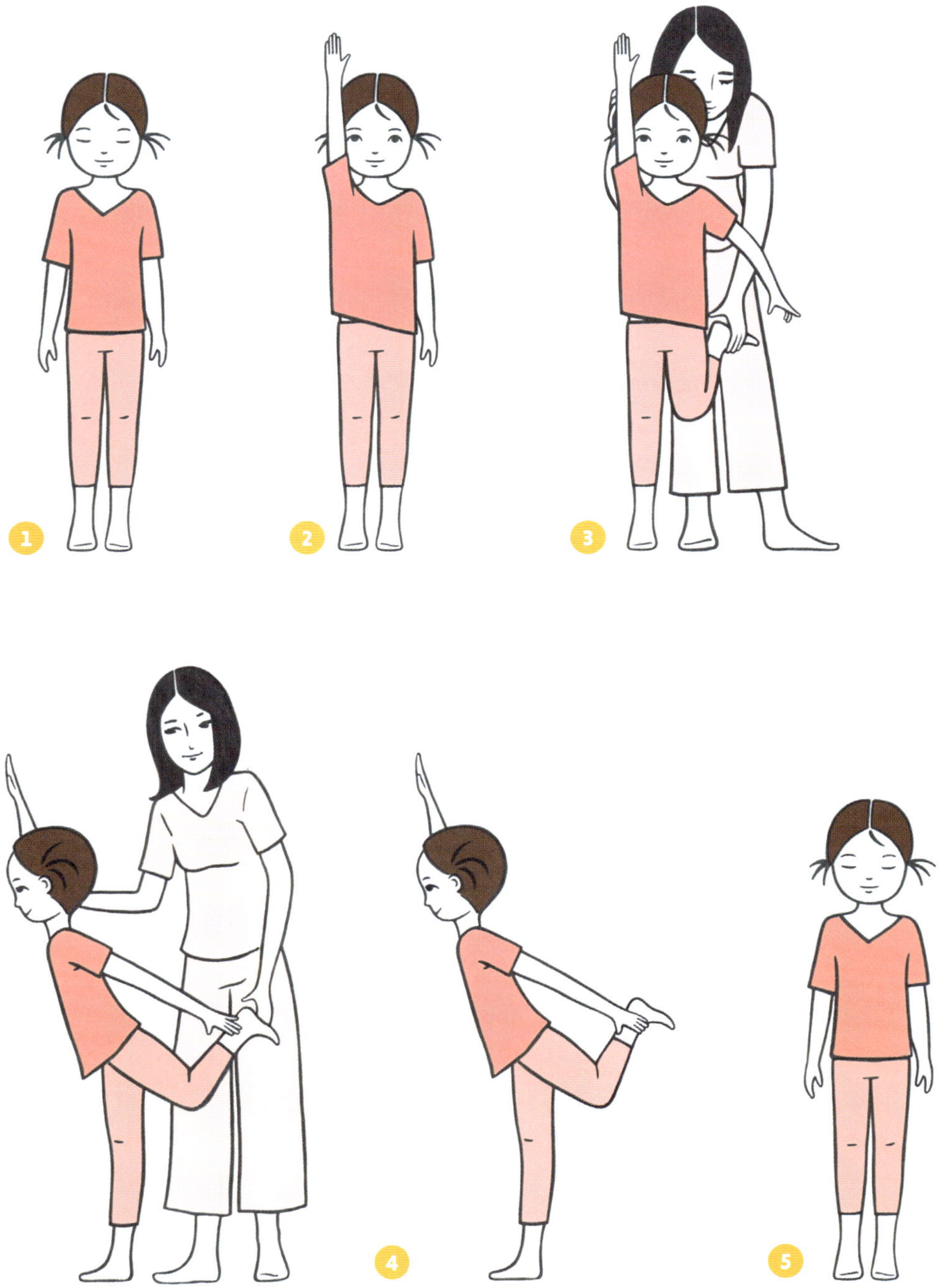
1
2
3
4
5

Le système urinaire et rénal

Le système urinaire du corps humain comprend les reins, situés de part et d'autre de la colonne, vertébrale, la vessie et les uretères qui relient ces organes entre eux. Ces organes contrôlent et régulent le sang en le filtrant. L'eau et le sel, produits des déchets des cellules, sont filtrés par les reins et stockés dans la vessie, cette poche faite de muscle lisse, pour être éliminés.

Pendant que le corps fonctionne, les cellules produisent deux substances importantes appelées acide urique et urée. Il est nécessaire que l'organisme humain ne retienne pas ces substances au-delà d'une limite précise, sinon elles entraînent l'intoxication du corps. Ce sont les reins qui se chargent de chasser l'acide urique et l'urée. Ils excrètent un liquide appelé urine dans lequel ces substances sont à l'état soluble. Dans l'urine, l'acide urique et l'urée sont excrétés goutte à goutte, ruissellent dans les uretères et sont recueillis dans la vessie. Une fois la vessie pleine, l'urine est évacuée à l'extérieur du corps via un canal excréteur appelé urètre.

L'incapacité du système urinaire à fonctionner de manière satisfaisante conduit à l'accumulation de l'acide urique et de l'urée dans le système provoquant différents troubles dans celui-ci. L'activité complète du système urinaire peut être améliorée naturellement en pratiquant régulièrement certaines postures de yoga.

Le saviez-vous ?

Le rein filtre environ 200 litres de sang.
La vessie peut contenir jusqu'à 800 ml d'urine (presqu'un litre), ce qui en fait une poche extensible efficace.

Le rôle du yoga sur le système urinaire et rénal

Le système urinaire constitue non seulement une partie indispensable du système du corps humain, mais exécute aussi la fonction ultime du système digestif. La pratique régulière des postures prévient tout trouble des organes urinaires et les infections courantes peuvent également être évitées dans une large mesure.

Les postures qui font vriller la colonne vertébrale et celles avec la tête vers le bas sont apaisantes pour le système urinaire. Chaque séance de yoga doit inclure au moins une posture de torsion de la colonne vertébrale, suivie de préférence par celles à flexion vers l'avant et vers l'arrière. Celles-ci ont une forte influence sur les muscles abdominaux, en les étirant et en les comprimant alternativement lorsque le corps se tord dans une direction puis dans l'autre.

Quant aux postures de yoga courbées vers l'avant et vers l'arrière, elles rendent à nouveau le corps calme et préviennent tout trouble urinaire. Elles sont stimulantes et vivifiantes pour les nerfs spinaux, qui émergent d'entre les vertèbres adjacentes. Ces nerfs donnent de l'énergie à tous les organes et muscles du corps, dont le système urinaire. Par ailleurs, elles étirent les muscles abdominaux en aidant à faire circuler et purifier le sang dans la région urinaire. La flexion des hanches nous donne une plus grande amplitude de mouvement et maintient un fonctionnement optimal des organes urinaires.

Enfin, les postures debout apportent de la force au corps, étirent et renforcent les muscles du dos, des épaules et des jambes, raffermissant ainsi les organes du système urinaire.

Compte avec moi (La soupe)

Cet exercice de respiration se pratique en suivant un rythme 2, 1, 4 ; ou 2, 4, 8 ; ou 2, 4, 2.

1. Pour cet exercice, vous pouvez être assis. Quatre positions sont possibles : soit en tailleur (position naturelle, les jambes croisées avec les pieds à l'intérieur), soit sur vos talons les jambes repliées, soit en demi-lotus (jambes croisées avec un pied en dessous et l'autre au-dessus), soit, pour les plus souples, en position du lotus (jambes croisées avec les deux pieds au-dessus). Soyez calme et relâchez les muscles tendus.

2. Accolez les deux mains, avec les paumes tournées vers le haut de manière à imiter un bol de boisson chaude (suivant votre goût cela peut être une soupe ou un chocolat chaud).

3. Comme la boisson est chaude, soufflez sur le bol pour la faire refroidir : expirez le temps de compter jusqu'à 4, en rentrant le ventre, pour vider les poumons.

4. Puis buvez à la paille totalement la boisson en inspirant au maximum pendant deux secondes, en gonflant du ventre pour remplir les poumons. Gardez l'air dans les poumons une seconde.

5. Ensuite, soufflez à nouveau sur le bol chaud.

6. Répétez ainsi cinq à dix cycles d'inspirations, rétention et expirations.

Conseils

Selon votre capacité, choisissez un rythme sans forcer. Vous pouvez faire cet exercice en augmentant juste la durée de votre respiration naturelle, sans forcer.

- BIENFAITS -

Cette respiration ludique peut vous aider à bien respirer avec un bon rythme. Elle va augmenter la capacité de votre respiration. Une bonne respiration, c'est la vie. Plus encore, elle lui confère une qualité supérieure.

La mudrâ de purification- *Apana mudrâ*

Vous pouvez pratiquer cette mudrâ en vous concentrant sur le point au milieu du front.

1. Asseyez-vous dans l'une des trois postures suivantes : *sukhasana* (position du tailleur), *vajrasana* (assis sur les talons), *padmasana* (lotus ou demi-lotus) ou confortablement dans la position que vous souhaitez avec le dos droit.

2. Rejoignez les extrémités du pouce, de l'annulaire et du majeur de chaque main, en gardant les deux autres doigts tendus. Les mains peuvent ensuite reposer sur les cuisses ou les genoux.

3. Avec les yeux fermés, concentrez-vous sur votre respiration telle qu'elle est, sans la contrôler ni la modifier. Ceci n'est pas un exercice de respiration. Observez l'air qui rentre et sort par les narines. Prenez conscience de l'air froid qui rentre et de l'air chaud qui sort.

4. Avec les yeux fermés et en respirant normalement, concentrez-vous sur le point au milieu du front ou entre les sourcils.

Continuez à méditer pendant 5 minutes.

- BIENFAITS -

Cette mudrâ aide à résoudre les problèmes tels que les infections urinaires, la constipation, les maux d'estomac, la perte de poids, etc. De plus, chez certaines personnes, il régule la transpiration.

La guirlande – *Malasana*

Cette posture de guirlande peut aussi faire penser à une grenouille.

1. En position debout, écartez les jambes légèrement.

2. Inspirez, levez les bras au-dessous de la tête, joignez les deux mains en mudrâ de salut (*namaskar-mudrâ*).

3. En expirant, toujours avec les mains collées, accroupissez-vous complètement, comme pour imiter une grenouille. Vous pouvez appuyer les deux bras contre les genoux.

4. Restez dans cette posture pendant cinq respirations, inspirez et levez-vous en gardant les mains collées au-dessus de la tête.

5. En expirant, ramenez les bras le long du corps.

Répétez la figure trois fois.

Conseils

En cas de difficulté vous pouvez vous asseoir et ensuite joindre les mains.

- BIENFAITS -

Cette posture améliore la souplesse des chevilles. Elle étire la zone lombaire et tonifie le dos. Elle fortifie également la partie inférieure des jambes et les muscles du cou. Elle régule le flux d'urine en cas de troubles.

La charnière – *Parighasana*

Cette posture se pratique en se mettant à genoux sur un tapis épais ou un drap plié afin de les protéger.

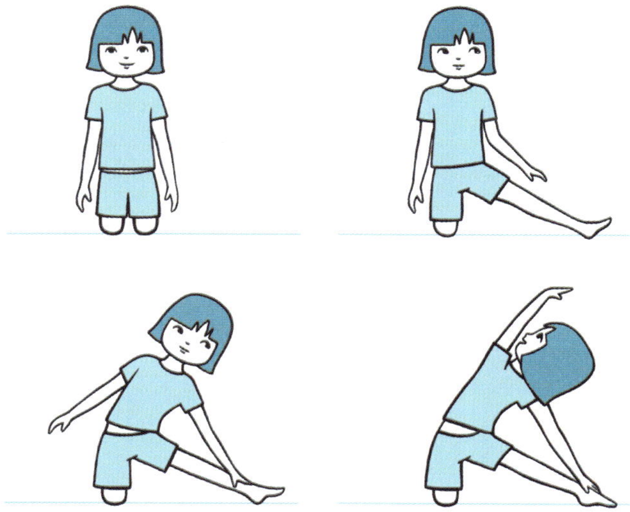

1. Mettez-vous à genoux, le buste bien droit.

2. Tendez la jambe gauche sur le côté, tout en ancrant le genou droit dans le sol. Le talon gauche doit reposer au sol, les orteils pointant vers le bas.

3. Faites glisser la main gauche sur la jambe gauche afin d'atteindre progressivement la cheville (si possible).

4. Penchez le corps vers la gauche, le bras droit et les doigts tendus près de l'oreille droite, en regardant vers le haut (si possible). Maintenez cette position quelques secondes en respirant normalement. Revenez en position initiale.

Répétez la posture en changeant de côté.

- BIENFAITS -

Cette posture assouplit le dos, les hanches, la colonne vertébrale et les cuisses. Elle stimule les organes abdominaux et les poumons. Elle aide au bon fonctionnement des reins.

L'aimant (les yeux ouverts et fermés)

Quand les yeux sont ouverts, vous allez ressentir votre corps qui est attiré vers le sol comme un aimant. Et, les yeux fermés, vous allez ressentir de la légèreté, comme si vous alliez voler.

1. Allongez-vous sur le dos, les paumes des mains tournées vers le haut.
2. Les bras et les jambes légèrement écartés dans une position confortable.
3. Relâchez vos muscles. Desserrez les sourcils et les lèvres. Respirez à votre rythme.
4. Avec les yeux fermés, faites un parcours mental en vous concentrant l'une après l'autre sur chaque partie du corps de la tête aux pieds. Chaque partie parcourue doit se détendre l'une après l'autre.
5. Une fois que le corps est totalement détendu, ouvrez les yeux, fixez le plafond, si possible sans cligner les yeux entre 10 et 20 secondes. Ensuite refermez puis ressentez le corps tout léger comme si votre corps se décollait du sol.
6. Vous pouvez faire encore une ou deux fois la même chose (juste la partie où les yeux sont rouverts et refermés).

Conseil

Les parents peuvent guider les enfants.

- BIENFAITS -

Cette technique vous permet de détendre complètement le corps. Elle aide au bon fonctionnement du système nerveux, digestif et urinaire. Elle améliore la concentration et diminue le stress.

YOGA

ET PHYSIOLOGIE,

PAR ORGANE

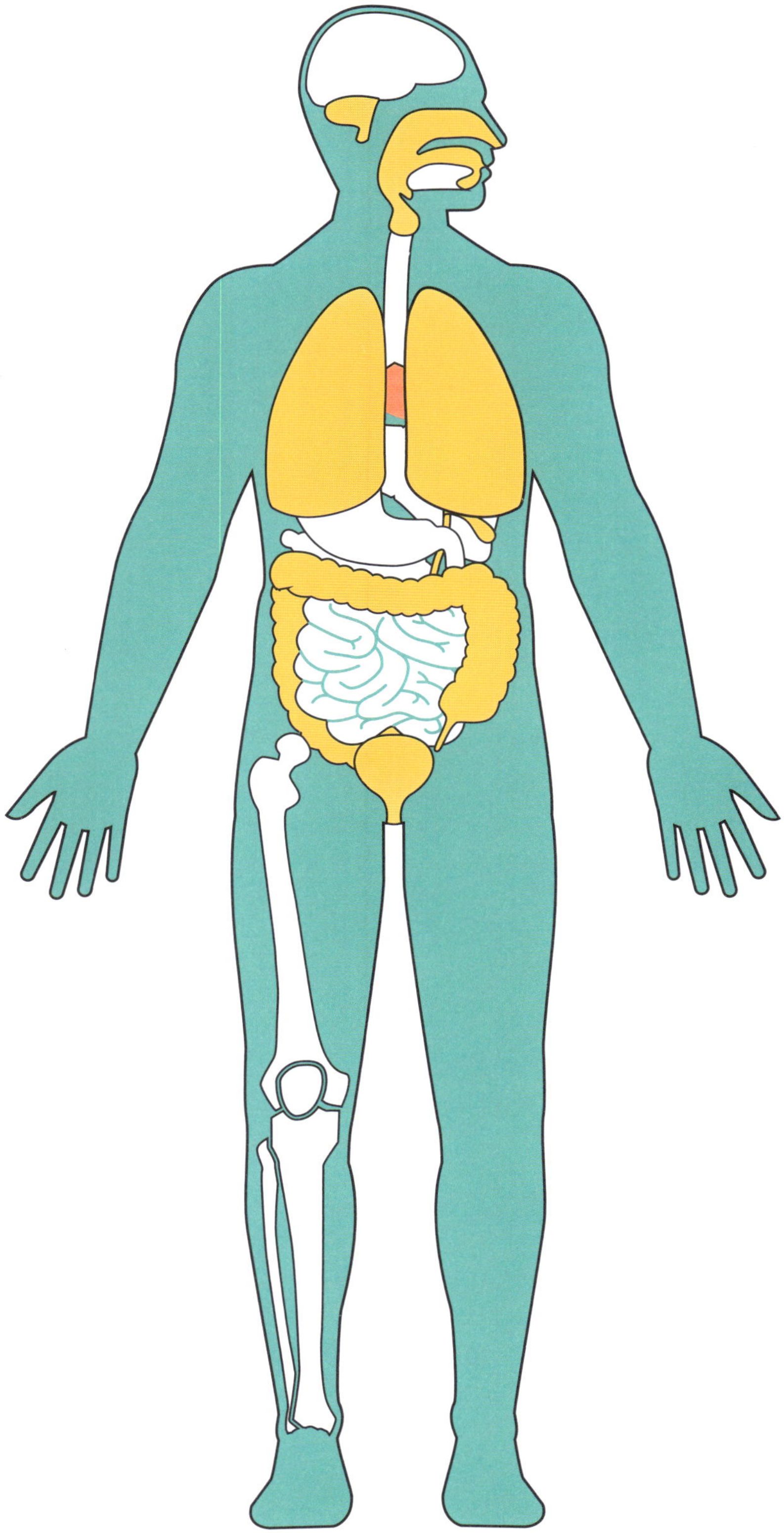

Le cerveau

Le cerveau est un organe complexe et absolument central pour le corps. Il contrôle la pensée, la mémoire, les émotions, le toucher, la motricité, la vision, la respiration, la température, la faim et tous les processus qui régulent notre corps. Le cerveau contient environ 60 % de matières grasses.

Les 40 % restants sont une combinaison d'eau, de protéines, de glucides et de sels. Le cerveau est surtout composé de deux types de tissus cellulaires : la matière blanche et la matière grise (qui est rose quand on est vivant). D'une part, un cerveau humain adulte est composé d'environ 60 % de matière blanche qui connecte les différentes sections du cerveau.

Cette partie est comparable à l'Internet qui interconnecte le monde, en permettant aux zones du cerveau d'envoyer et de recevoir des signaux vers les différentes parties du corps. Ainsi, une matière blanche saine permet au cerveau de coordonner les pensées ainsi que les mouvements. D'autre part, 40 % de la matière grise est responsable des nombreuses fonctions du cerveau, y compris les capacités d'apprentissage, de la mémoire, de la fonctionnalité d'interprétation de vos cinq sens et du contrôle musculaire.

Le rôle du yoga sur le cerveau

Dans le yoga, l'utilisation et la pratique constante du contrôle des postures, de la respiration et de l'activité mentale entraînent une augmentation de la densité de matière grise et de l'activation d'hippocampe et du cortex préfrontal. La pratique du yoga augmente non seulement la taille de certaines zones du cerveau, affecte aussi la cognition ainsi le traitement des émotions, du stress et de l'anxiété. La combinaison des poses, de la respiration et de la méditation produit des changements structurels dans le cerveau.

La méditation avec le son

Elle peut se faire sous forme de jeux entre deux ou plusieurs personnes. Une personne peut compter les secondes pour connaître la capacité de respiration des joueurs.

1. Asseyez-vous confortablement dans une des trois postures de yoga : sukhasana (position du tailleur) ; vajrasana (assis sur les talons) ; padmasana (lotus ou demi-lotus) avec le dos droit, la nuque et les épaules relâchées. Si vous le souhaitez, fermez les yeux pour une meilleure concentration.

2. Prenez une grande inspiration, puis tout en expirant très lentement, émettez un son continu, avec un volume peu élevé (adapté à une méditation reposante). Vous pouvez choisir un des sons suivants :
« aaaaaaaaaaaaaaaa » ou « eeeeeeeeeeeeeeee » ou « oooooooooooooooo » ou « mmmmmmmmmmm », (en ouvrant bien la bouche, pour le son A).

Conseil

Suivant l'un des sons décrit ci-dessus que vous avez choisi, vous pouvez expirer par la bouche (pour les sons en voyelles) ou par le nez (le son en « mmmmm »).

- BIENFAITS -

Cette technique de méditation vous aide à mieux vous concentrer, à vous calmer dans un moment de stress ou d'anxiété. Les différents sons vous permettront de stimuler le cerveau.

L'akini Mudrâ - Mudrâ de la concentration

Pratiquez cette mudrâ en méditant dans le calme pour améliorer la mémorisation.

1. Asseyez-vous dans une position confortable de votre choix, le dos droit, la nuque et les épaules relâchées.

2. Collez les cinq extrémités de doigts de la main droite avec celles de la main gauche, sans pour autant coller les deux paumes.

3. Les avant-bras peuvent ensuite reposer sur les cuisses ou les genoux ou devant la poitrine.

4. Avec les yeux fermés, concentrez-vous sur la mudrâ et si possible également sur votre respiration naturelle, sans la contrôler ni la modifier. Ceci n'est pas un exercice de respiration. Observez l'air qui rentre et sort par les narines. Prenez conscience de l'air froid qui rentre et de l'air chaud qui sort.

5. Restez ainsi en méditant pendant au minimum 5 minutes.

- BIENFAITS -

Cette mudrâ développe la capacité cognitive en activant les connexions entre les hémisphères gauche et droit du cerveau. Il améliore ainsi son fonctionnement et permet une meilleure mémorisation.

Le yoga du mental- *Thoppukaranam*

Cet exercice se pratique en dynamique : debout-assis-debout. Il est appelé le yoga du super cerveau (super brain yoga).

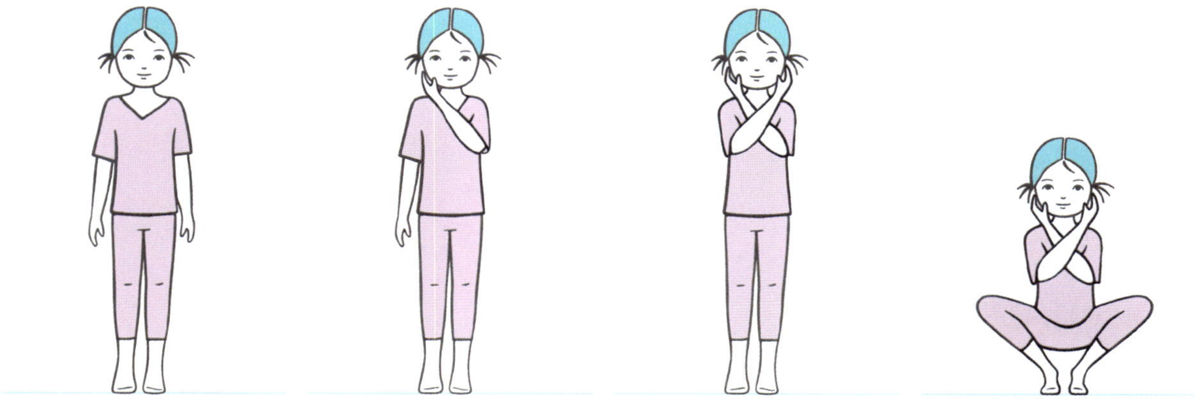

1. Debout, suivez l'ordre suivant.

2. Avec la main gauche, attrapez le lobe de l'oreille droite avec le pouce et l'index (le pouce vers l'avant).

3. Avec la main droite, attrapez le lobe de l'oreille gauche avec le pouce et l'index (le pouce vers l'avant).

4. Collez bien la langue au palais. En inspirant, baissez-vous sans poser les fesses au sol. Puis en expirant, relevez-vous.

Baissez-vous et relevez-vous plus de dix fois, sans toutefois lâcher les lobes et décoller la langue.

- BIENFAITS -

Une pratique régulière vous aide à stimuler les fonctions du cerveau. Il est recommandé de le faire le matin tous les jours pour une meilleure concentration. Il est pratiqué dans certaines écoles avant le démarrage de la journée.

Le pendule – *Dholasana*

Cette posture se pratique debout, en flexion avant de façon dynamique.

1. Debout, les jambes légèrement écartées, en inspirant, joignez les deux mains derrière la tête.

2. En expirant, baissez-vous de manière à avoir la tête au niveau des genoux. Relâchez-vous complètement.

3. Par un mouvement pendulaire, en respirant normalement, ramenez la tête près du genou droit, puis du genou gauche.

Refaites ce mouvement de va-et-vient au moins 3 fois. Redressez-vous en inspirant et relâchez les bras en expirant. Répétez cette posture encore deux fois.

- BIENFAITS -

La posture irrigue le cerveau et assouplit le dos. Elle développe la stabilité et l'équilibre. Elle aide à réaliser des figures de flexion avant, comme la rivière (p. 142).

Le demi-poirier – *Ardha Sirsasana*

Cette figure est une étape intermédiaire à la figure du poirier. Elle peut se pratiquer de deux façons.

1. Pour vous aider, réalisez cette posture contre un mur libre de tout obstacle.
2. Mettez-vous à genoux face au mur, baissez-vous en vous appuyant sur les coudes, les mains jointes derrière la tête. Posez et calez le sommet de la tête au sol contre les mains jointes.
3. Levez les fesses vers le plafond, les jambes bien tendues.
4. Ramenez les pieds vers vous, de manière à avoir le dos droit, contre le mur. Pointez le regard vers vos pieds.

Variante

1. Toujours face au mur à genoux, mettez les mains à plat pour former un triangle avec le sommet de votre tête. Décollez un des genoux et posez-le sur le coude du même côté, assurez-vous d'avoir un bon équilibre pour décoller et mettre le deuxième genou sur le deuxième coude.
2. Tenez quelques secondes en respirant normalement.

Conseils

Les adultes peuvent aider les enfants à bien réaliser cette figure en étant à côté. Adulte, vous pouvez vous aider d'un drap plié pour poser la tête. Le coussin est déconseillé pour la variante.

- BIENFAITS -

Cette posture permet de tonifier les cuisses, les talons. En permettant de mieux irriguer les globes oculaires et le cerveau, elle contribue au développement de la mémoire. Elle développe aussi l'équilibre du corps.

Le visage, les yeux et les oreilles

Le visage est une représentation unique de chaque individu. Il contient de nombreuses structures qui contribuent à l'affichage des émotions, à la vue, à l'odorat et à la communication. L'ensemble du visage est recouvert de peau à sa surface, tandis qu'en profondeur il contient des muscles, des coussinets adipeux, des nerfs, des vaisseaux et des os. Tous les muscles faciaux proviennent des structures osseuses et fibreuses du crâne et s'insèrent dans la peau. La fonction principale des muscles faciaux est de fournir un large éventail d'expressions faciales qui sont importantes pour exprimer les émotions et l'humeur (par exemple, sourire, grimacer, froncer les sourcils). De plus, ces muscles aident à ouvrir et à fermer la bouche, les yeux, et protègent ainsi les structures délicates du visage.

Le rôle du yoga sur le visage, les yeux et les oreilles

Le yoga a même une fonction bénéfique pour le visage et en particulier pour les yeux et les oreilles. Le yoga propose une série d'exercices oculaires qui améliorent le fonctionnement des yeux et aident à surmonter divers problèmes liés aux yeux. Grâce à ces mouvements, on cherche à renforcer et à conditionner les muscles de la structure des yeux. Les yogis espèrent ainsi améliorer leur vision, traiter les symptômes de la sécheresse oculaire et réduire la fatigue oculaire.

Grâce au yoga, les problèmes d'équilibre, les douleurs aux oreilles et les sinus bloqués peuvent tous être résolus. Les poses qui détendent la tête et le cou sont aussi importantes et peuvent aider les personnes souffrant d'acouphènes (bourdonnements dans les oreilles).

Les exercices des yeux

Pour chaque position des yeux, restez quelques secondes. Les parents peuvent aider à orienter le regard des enfants avec leurs mains ou un objet.

1. Asseyez-vous confortablement avec le dos bien droit, les muscles relâchés.

2. Sans bouger la tête, regardez en haut, puis revenez au centre.

3. Regardez-en bas, puis revenez au centre.

3. Regardez à droite, puis revenez au centre.

4. Regardez à gauche, puis revenez au centre.

5. Regardez successivement dans les quatre angles, en commençant par l'angle en haut à droite, en bas gauche, en haut à gauche et enfin en bas à droite.

6. Faites tourner les yeux lentement dans un sens puis dans l'autre.

Réalisez trois fois la rotation dans chaque sens en alternant.

- BIENFAITS -

Ces expressions stimulent et fortifient les muscles des yeux. Grâce à ces exercices l'œil est relaxé, bien irrigué et voit ces capacités s'améliorer. Ils soulagent les yeux fatigués.

La mudrâ de l'espace - *Shunya Mudrâ*

Cette mudrâ de l'espace est très efficace pour les problèmes d'ouïe.

1. Asseyez-vous dans une position confortable de votre choix avec le dos droit, la nuque et les épaules relâchées.

2. Pliez les majeurs en appuyant leurs extrémités sur les paumes des mains.

3. Ensuite, posez les pouces sur les phalanges des majeurs.

4. Gardez les trois autres doigts tendus.

5. Les avant-bras peuvent ensuite reposer sur les cuisses, les genoux ou devant la poitrine.

6. Avec les yeux fermés, concentrez-vous sur la mudrâ et si possible également sur votre respiration naturelle, sans la contrôler ni la modifier. Ceci n'est pas un exercice de respiration. Observez l'air qui rentre et sort par les narines. Prenez conscience de l'air froid qui rentre et de l'air chaud qui sort.

Restez ainsi en méditant pendant au minimum 5 minutes.

- BIENFAITS -

Grâce à cette mudrâ, vous pouvez combattre les douleurs aux oreilles et le sifflement aigu. Cette mudrâ aide à réduire le mal des transports et les vertiges en stimulant directement les nerfs près de l'oreille. Elle est aussi utile pour réduire la sensation de picotement ou d'engourdissement. Elle aide tout autant à guérir le comportement anormal de la glande thyroïde (hypothyroïdie) en maintenant l'équilibre hormonal du corps.

Les grimaces-Yoga du Visage

Un exercice ludique idéal pour les enfants !

1. Asseyez-vous confortablement avec le dos bien droit, les muscles relâchés. Sans bouger la tête, ouvrez bien la bouche comme si vous criez « aaaahhhhh » (mais sans crier). Regardez-en haut, puis revenez au centre.

2. Gonflez les joues avec de l'air comme deux ballons.

3. Absorbez les joues à l'intérieur de la bouche pour les pincer entre les dents.

4. Faites un grand sourire en étirant au maximum les joues vers les oreilles.

5. Puis serrez les molaires en faisant apparaître les dents.

6. Collez et arrondissez les lèvres comme pour embrasser, puis lever la tête (comme pour embrasser le ciel). Faites tourner la langue dans la bouche, entre les dents et les joues. La langue devant appuyer sur les muscles des joues.

Conseils

Pour chaque expression ou exercice du visage, tenez au moins 10 secondes et relâchez les muscles en reprenant une expression impassible avec les yeux fermés avant de poursuivre avec une autre expression.

- BIENFAITS -

Ces expressions stimulent les nombreux muscles du visage. Elles redonnent de la tonicité à la peau. Elles permettent aux enfants d'exprimer leurs émotions et soulagent leur stress.

La méditation-Cinq sens

Concentrez-vous à la fois sur l'ouïe, l'odorat, la vue, le goût et le toucher.

1. Asseyez-vous dans une position confortable, de votre choix, avec le dos droit. Réalisez avec vos mains, une des mudrâs de votre choix.

2. Les yeux fermés, concentrez-vous sur votre respiration naturelle, sans la contrôler ni la modifier. Observez l'air qui rentre et sort par les narines.

3. Les yeux fermés, prenez conscience de vos cinq sens et concentrez-vous sur des images, des couleurs, des formes que vous voyez. Ensuite, prenez conscience du bruit que vous entendez comme celui des oiseaux, des véhicules, des personnes qui parlent ou d'autres sons.

4. Maintenant, ramenez votre concentration sur le nez et prenez conscience de l'odeur que vous percevez. Cela peut être le parfum de votre vêtement ou d'autres odeurs.

5. Puis concentrez-vous sur la bouche où se situe la langue pour prendre conscience du goût. Vous pouvez simplement goûter la salive.

6. À présent, concentrez-vous sur le toucher. Prenez conscience des vêtements que vous portez, les mains posées, les jambes pliées qui touchent le sol ou le tapis, etc.

7. Restez ainsi 5 minutes en méditant sur les cinq sens l'un après l'autre.

Finissez en ramenant la concentration sur votre respiration.

Conseils

Les parents peuvent guider les enfants.

- BIENFAITS -

Cette technique de méditation vous aide à connaître et à vous concentrer sur les cinq sens, indispensables à l'humain. Elle améliore la concentration et stimule la sensibilité de vos sens.

Le dauphin

Cette posture se pratique en démarrant à quatre pattes, la tête penchée.

1. Mettez-vous sur les avant-bras et sur les genoux, les coudes dans l'alignement des épaules et les genoux dans celui des hanches.

2. Dépliez les jambes : soulevez les genoux de manière à avoir les jambes tendues pour réaliser la posture du dauphin.

3. Restez ainsi le temps de quelques respirations (au minimum trois).

Revenez en position initiale et répétez la posture trois fois.

Variante

Vous pouvez également pratiquer cette posture en équilibre en levant une jambe et alternant les côtés quand vous répéterez la posture.

- BIENFAITS -

Cette posture irrigue la zone du visage par la circulation sanguine. Elle stimule l'ensemble de la colonne vertébrale. Elle tonifie les jambes, les bras, les épaules, les hanches et les cuisses. Elle assouplit les muscles du dos et fait travailler l'équilibre.

La gorge, le cou et la nuque

Le cou est composé de deux parties : la gorge, dans la partie antérieure ; la nuque, dans la partie postérieure. Chez les vertébrés, il relie la tête au thorax, aux épaules et à la poitrine. Il contient, ou est traversé, par des structures importantes comme les sept vertèbres cervicales, la moelle épinière, les veines jugulaires, les artères carotides, une partie de l'œsophage, le larynx, les cordes vocales, et les muscles qui relient la tête au reste du corps, comme le trapèze. Comme un pont entre les deux parties du corps, le cou a plusieurs fonctions : il soutient et donne à la tête sa mobilité, laisse le passage à plusieurs éléments viscéraux du système nerveux, des appareils digestif, respiratoire et phonatoire, permet la vascularisation de la tête et joue un rôle dans le métabolisme général.

Le cou est une partie vitale et particulièrement sollicitée du corps. Il supporte le poids de la tête. Lors de périodes de fatigue ou de stress, il se raidit. Lorsque vous êtes tendu, par moment de froid, vous avez tendance à vous crisper et à remonter les épaules vers les oreilles. Le travail sur écran, la tête baissée pour regarder le smartphone ou les coups de fil, le téléphone coincé entre l'oreille et l'épaule, le cou et le dos sont en tension à chaque fois. Les mauvaises positions répétées créent des contractures, répercutées bien souvent dans tout le reste du dos.

Le rôle du yoga sur la gorge, le cou et la nuque

Les exercices réguliers appropriés de yoga facilitent le relâchement des muscles de la nuque, des trapèzes et la détente de la zone des cervicales. Cela soulage les douleurs musculaires du dos également. Certaines postures aident pour les maux de tête liés aux tensions musculaires du cou. Un déséquilibre thyroïdien peut aussi fortement affecter le bien-être général du corps. Outre l'accompagnement médical, des exercices de yoga peuvent aider à atténuer l'hyperthyroïdie ou l'hypothyroïdie (des dysfonctionnements de la thyroïde ; voir aussi p. 66). Les postures expliquées ci-dessous sont toute indiquées pour stimuler les glandes et les organes de sécrétion d'hormones, et relancer leur fonctionnement.

Le cou- *Kantha sanchalan*

Après chaque mouvement, restez quelques secondes pour ressentir l'étirement de la nuque.

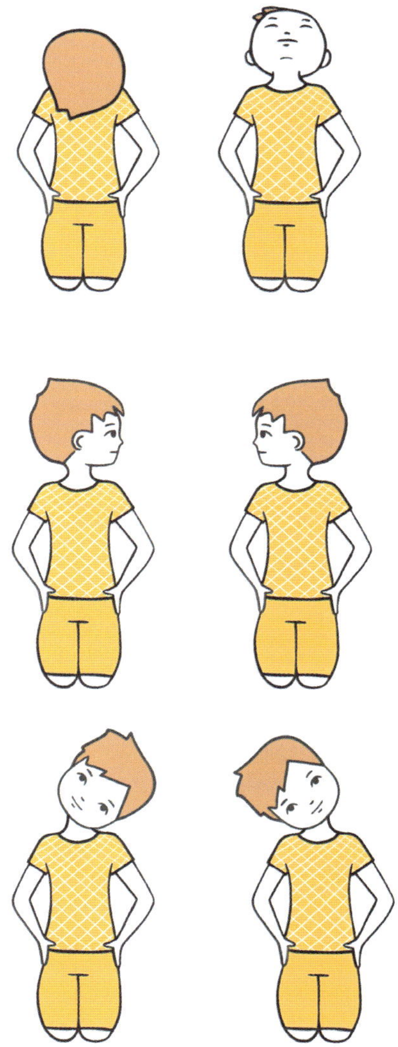

1. Asseyez-vous en position du diamant (voir p. 46), c'est-à-dire sur les talons avec les jambes repliées.

2. En expirant, penchez la tête doucement vers l'avant de manière à toucher le buste avec le menton. Puis avec lenteur, en inspirant, ramenez la tête vers l'arrière de manière à toucher le haut du dos avec l'arrière du crâne. Répétez les mouvements 3 à 5 fois.

3. Respirez naturellement et tournez la tête vers la droite puis vers la gauche. Répétez les mouvements 3 à 5 fois.

4. Ensuite, penchez la tête avec délicatesse vers la gauche de manière à ce que l'oreille gauche touche l'épaule gauche. Puis vers la droite pour que l'oreille droite touche l'épaule droite. Répétez les mouvements 3 à 5 fois, lentement et en souplesse.

5. À présent, enchaînez ces mouvements. Tournez la tête : successivement, vers l'avant de manière à toucher le buste avec le menton ; vers la gauche de manière à toucher l'oreille gauche avec l'épaule gauche ; vers l'arrière de manière à toucher le haut du dos avec l'arrière de la tête ; vers la droite pour toucher l'oreille droite avec l'épaule droite.

6. Refaites ce mouvement rotatif dans le sens inverse. Puis répétez-le 3 à 5 fois, dans les deux sens, doucement et en souplesse.

- BIENFAITS -

Ce sont des mouvements qui échauffent les muscles du cou et assouplissent les articulations des vertèbres et renforcent la nuque.

Le lion - *Simhasana*

Une posture énergique pour rugir avec votre enfant !

1. Mettez-vous à genoux et asseyez-vous sur vos talons.

2. Placez vos paumes sur les genoux en gardant les doigts bien écartés et toniques.

3. Inspirez en courbant le dos et les épaules et baissez la tête pour regarder vers le nombril. Émettez un long cri avec la langue tirée vers le bas et les yeux levés vers les sourcils en expirant longuement. Étirez les muscles faciaux pour être le plus effrayant possible.

- BIENFAITS -

Cette posture est une méthode ludique pour apprendre aux enfants à bien inspirer et à bien expirer. Sur l'inspiration, le lion en colère se prépare à rugir ; sur l'expiration, il lâche son cri ! De nombreux muscles sont sollicités : ceux du visage, des yeux, de la gorge, de la langue...

La taupe- *Karnapidasana*

Cette posture se pratique en s'allongeant et en flexion avant.

1. Asseyez-vous, les jambes tendues devant vous et les pieds joints.
2. Penchez-vous en arrière en levant les pieds vers le ciel.
3. Basculez totalement en arrière pour ramener les genoux de chaque côté des oreilles avec les jambes et les pieds allongés au sol. Les bras restent allongés au sol, les paumes vers le bas ou les doigts entrelacés.
4. Maintenez la position quelques secondes, en respirant normalement.
5. Revenez à la position assise, les jambes repliées. Puis allongez les jambes.

Répétez trois fois la posture.

Conseils

En cas de difficultés, partez de la position allongée pour basculer en arrière et ramenez les pieds au-dessus de la tête. Vous pouvez faire cette posture selon votre souplesse. Ne vous forcez pas à absolument ramener les genoux auprès des oreilles.

- BIENFAITS -

Cette posture renforce et assouplit le dos, la colonne vertébrale et les épaules. Elle stimule la glande thyroïde. Elle améliore également la digestion et le fonctionnement du système urinaire.

Le narval - *Viparita navasana*

Cette posture se pratique en s'allongeant sur le ventre et avec une flexion en arrière.

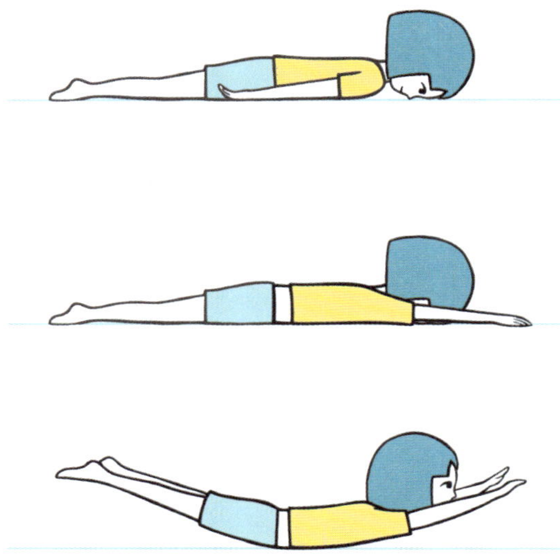

1. Allongez-vous sur le ventre, le front contre le sol.

2. Tendez les bras au-dessus de la tête.

3. En inspirant, levez en même temps les jambes, les bras, le torse et la tête. Soit en respirant naturellement, ou en retenant le souffle, gardez l'équilibre sur le ventre, dans cette position. En expirant, revenez en position initiale lentement.

Répétez trois fois la posture.

- BIENFAITS -

Cette posture assouplit les hanches et la colonne vertébrale. Elle renforce les muscles du dos et ouvre le torse. Elle débloque le souffle, le diaphragme et le plexus solaire. En aidant à bien respirer, elle est tout indiquée aux moments où vous êtes stressés, tendus et nerveux.

La tête de vache - *Gomukhasana*

La posture peut se pratiquer debout ou assis.

1. Asseyez-vous les jambes tendues vers l'avant. Pliez la jambe en ramenant le pied droit à l'extérieur du genou gauche.

2. Pliez la jambe gauche en ramenant le pied gauche à droite de la hanche.

3. Tout en inspirant, levez le bras droit et pliez-le vers le bas derrière la tête. Repliez le bras gauche derrière le dos et attrapez la main droite.

4. Respirez normalement quelques secondes (au moins cinq respirations).

Revenez en position initiale puis refaites la posture en inversant les deux mains.

Conseils

Selon les personnes, cette posture sera plus aisée d'un côté que de l'autre. Ne vous forcez pas pour attraper ou toucher la main ou les doigts.

- BIENFAITS -

Cette posture permet de soulager et d'assouplir les épaules.
Elle tonifie le dos et aide à l'alignement de la colonne vertébrale.
Elle prévient également les douleurs sciatiques.

Les poumons et le cœur

Les poumons et le cœur constituant le système cardiovasculaire sont situés dans le thorax, également appelé cavité thoracique. Le cœur fait circuler le sang dans tout le corps en transportant nutriments, hormones et oxygène. Les poumons étroitement liés au cœur permettent le renouvellement de l'oxygène du sang. Le cœur est un organe en forme de poire, positionné au centre de la cavité thoracique. Son côté droit reçoit du sang pauvre en oxygène des principales veines du corps et pompe ce sang dans les poumons, où il est oxygéné. Le côté gauche du cœur reçoit alors du sang riche en oxygène des poumons et pompe ce sang à travers les artères, dans tout le corps.

La pandémie actuelle a mis en évidence la fragilité de notre système cardiorespiratoire. Les techniques de respiration connues sous le nom de *pranayama* sont l'une des parties essentielles de la pratique du yoga qui peuvent aider à le maintenir en bonne santé. Elles peuvent aider à contrôler la respiration et à apprendre à mieux utiliser les poumons et le cœur. Les exercices de respiration peuvent être effectués en tant qu'exercice autonome ou en tenant des poses ou des postures de yoga.

Le rôle du yoga sur les poumons et le cœur

Les postures de yoga améliorent l'efficacité des poumons, les rendant plus forts et plus sains. Elles aident à renforcer leur capacité dégageant ainsi les voies nasales. La pratique régulière du yoga associée aux exercices de respiration peut augmenter le volume pulmonaire, diminuer la fréquence cardiaque et la pression artérielle, réduire l'anxiété et aider à une meilleure endurance physique. De plus, le yoga agissant sur les émotions et le niveau de stress, il favorise une meilleure santé cardiaque.

Le mouchoir

Ce jeu de respiration peut se pratiquer assis ou allongé.

1. Mettez-vous à genoux et asseyez-vous sur vos talons. Placez un mouchoir en papier froissé devant vous. Soufflez doucement sur le mouchoir pour le faire avancer. Fixez-vous un but et essayez de faire avancer le mouchoir avec le moins de souffles possible pour l'atteindre. Avec plusieurs personnes, vous pouvez en faire un jeu depuis un point de départ vers une ligne d'arrivée.

2. Allongez-vous sur le dos. Placez un mouchoir en papier déplié sur votre bouche. Soufflez de manière à le faire flotter le plus haut possible au-dessus de votre visage.

Vous pouvez faires plusieurs fois cet exercice.

- BIENFAITS -

Cet exercice améliore votre souffle tout en travaillant les poumons pour augmenter leur capacité.

La montagne - *Tadasana*

Érigez-vous comme une montagne gigantesque.

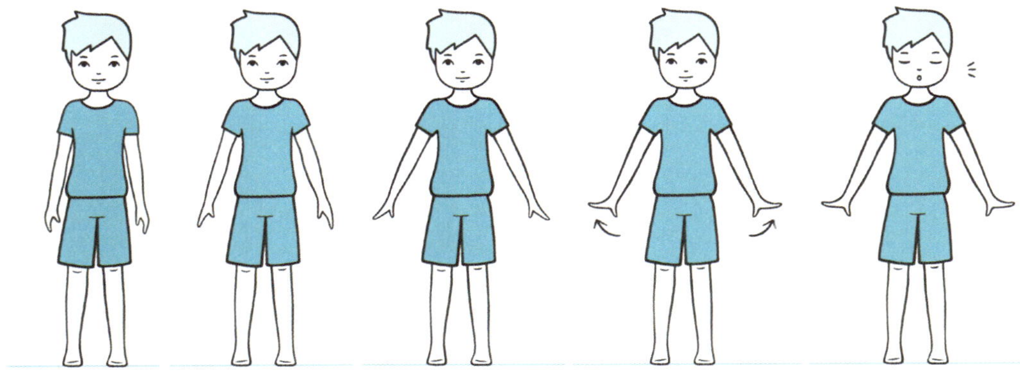

1. La posture se pratique debout, bien droit, les pieds écartés de 10 centimètres.

2. Commencez les deux bras ballants. Les bras s'écartent peu à peu du corps, les paumes tournées vers le bas.

3. Les deux mains forment un angle droit par rapport aux bras et sont parallèles au sol, les doigts tirant vers le haut.

4. Inspirez et expirez 3 fois profondément.

Répétez trois fois la posture.

- BIENFAITS -

Notre équilibre est instable et imparfait, il oscille. Cette posture aide à le rétablir t out en permettant d'atténuer les déviations vertébrales.

Le cerf-volant- *Patangasana*

Une posture idéale pour travailler son équilibre.

1. Commencez en position debout, les pieds joints. En inspirant, levez les deux bras de chaque côté, parallèlement au sol.

2. Puis, en expirant, penchez-vous en avant tout en levant une jambe à l'arrière (si possible de manière à avoir le tronc et la jambe levée dans l'alignement). Regardez droit devant ou au sol en fixant un point pour garder l'équilibre. Essayez de tenir quelques secondes en respirant normalement.

3. En inspirant, revenez en position initiale, les pieds joints, les bras levés sur les côtés. En expirant, ramenez les bras près du corps.

4. Refaites la figure en changeant de jambes.

Répétez la figure 3 fois pour chaque côté.

- BIENFAITS -

Cette posture étire et assouplit l'abdomen, les cuisses, les genoux et les chevilles. Elle favorise également la digestion.

Le chameau - *Ustrasana*

Cette posture se pratique à genoux en cambrant le dos.

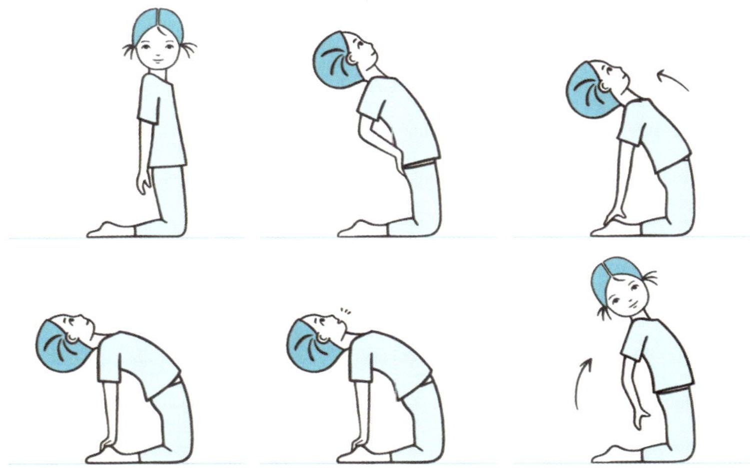

1. Agenouillez-vous.

2. Avancez les hanches vers l'avant et cambrez-vous légèrement en arrière. Placez vos mains en bas du dos.

3. Déplacez la main gauche sur la cheville gauche et la main droite sur la cheville droite.

4. Arquez le dos très progressivement. Maintenez vos bras tendus.

5. Maintenez la position en comptant jusqu'à trois et en respirant profondément.

6. Quittez la posture en poussant le poids du corps vers l'avant, tout en lâchant les mains l'une après l'autre.

Répétez trois fois l'enchaînement.

Conseils

En cas de difficulté pour attraper les chevilles, vous pouvez faire la posture en gardant les mains derrière le dos pour vous pencher en arrière.

- BIENFAITS -

Cette posture tonifie et assouplit la colonne vertébrale, les cuisses et les hanches.
Elle améliore le jeu articulaire des épaules, étire le torse et les organes abdominaux.

Zen sur le ventre

C'est une posture de détente sur le ventre. Évitez de la pratiquer le ventre plein.

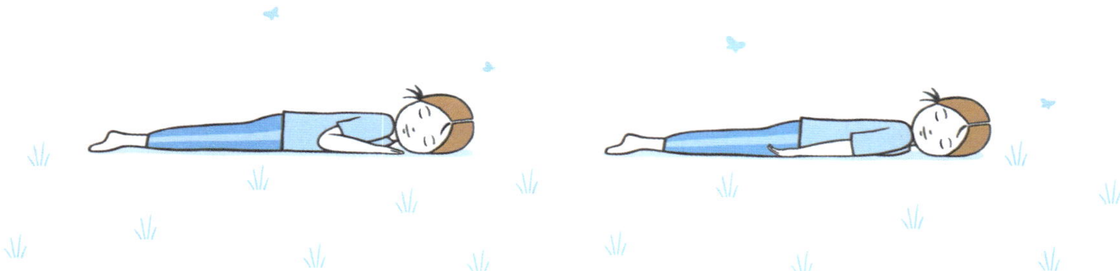

1. Allongez-vous sur le ventre, les paumes des mains et la plante des pieds tournés vers le haut. Les bras et les jambes légèrement écartés dans une position confortable, sans vous contracter.
2. Reposez la tête sur la joue droite, respirez lentement trois fois. Revenez en position centrale en posant le menton, respirez doucement une fois.
3. Puis reposez la tête sur la joue gauche, respirez lentement trois fois. Une fois ce cycle réalisé, reposez-vous en respirant lentement plusieurs fois, sur le côté où vous vous sentez le plus détendu.
4. Restez concentré sur la respiration pour mieux vous détendre

Conseils

Pour les plus jeunes, les parents peuvent aider. L'enfant est allongé sur le ventre. Passez le doigt sur son dos. C'est la fonction essentielle de la colonne vertébrale qui est soulignée, puis celles des fesses, des jambes et enfin des pieds pour leur participation aux mouvements. Le dos et les fesses que nous oublions souvent doivent se détendre car ce sont eux qui nous permettent de nous tenir droit.

- BIENFAITS -

Cette posture vous aide à détendre votre corps et à ralentir le battement du cœur. Elle diminue le stress, la tension et permet de retrouver le calme.

Le ventre, le foie, l'intestin et les reins

Le foie, les intestins, l'estomac, la vésicule biliaire et les reins forment l'ensemble des organes abdominaux. Le foie est le plus grand organe interne avec une longue liste de fonctions essentielles pour tout le corps comme le stockage, la régulation des sucres et la production de sucs digestifs. De plus le foie est un organe important qui élimine les déchets, les toxines et les composés cancérigènes du corps. L'estomac sert à écraser les aliments et l'intestin grêle et le colon, à absorber les nutriments de l'alimentation. Les reins quant à eux ont pour fonction de filtrer le sang en les nettoyant des déchets produits par les cellules. Diverses maladies liées aux organes abdominaux apparaissent souvent en raison de mauvaises habitudes alimentaires et d'un mode de vie urbain et moderne stressant.

Le rôle du yoga sur le ventre, le foie, l'intestin et les reins

Le yoga est un bon moyen de maintenir un bon fonctionnement des organes abdominaux. En effet, les postures de flexion vers l'avant ou vers l'arrière permettent de masser et stimuler ces organes liés à la digestion, à l'assimilation et au nettoyage du sang, tels que le foie, la rate, le pancréas et les intestins. Par ailleurs, les postures de yoga peuvent également être bénéfiques à la vésicule biliaire, en y empêchant l'accumulation de calculs biliaires.
Les postures comme la tortue (p. 137), le triangle inversé (p. 136) et le poisson assis (p. 62), massent, stimulent, étirent, renforcent et apportent santé et vitalité aux organes vitaux.
Le yoga aide donc à garder les organes abdominaux en bonne santé et à éviter les troubles liés aux différents organes. Il est aussi un excellent moyen de détoxifier certains organes.

La jambe levée sur le côté – *Ananthasana*

C'est une posture allongée sur le côté avec les jambes écartées.

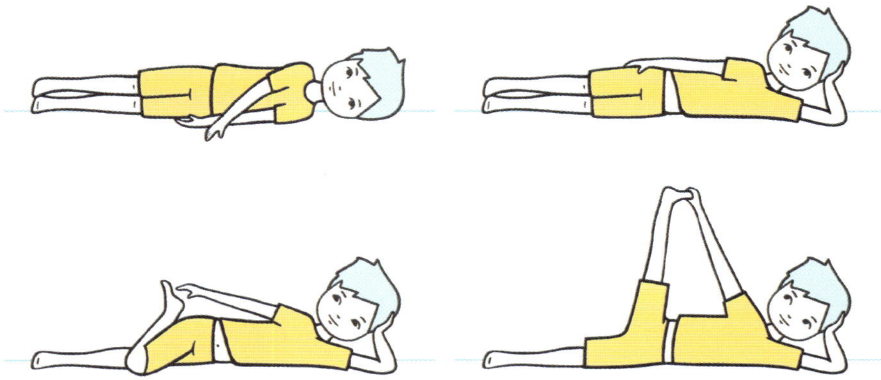

1. Allongez-vous sur le dos et tournez-vous sur le côté gauche.

2. Repliez le bras gauche et reposez la tête sur la main gauche.

3. Repliez la jambe droite sur la cuisse et attrapez le gros orteil du pied droit.

4. En inspirant, tendez la jambe vers le haut. Restez sur trois cycles de respirations. En expirant, ramenez le pied au sol et le bras le long du corps.

Puis changez de côté et de jambe. Répétez trois fois la posture.

Conseils

En cas de difficulté pour attraper le gros orteil, selon votre souplesse, vous pouvez attraper l'arrière de la cuisse ou le mollet.

- BIENFAITS -

Cette posture assouplit les hanches et tonifie les jambes. Elle favorise la circulation du sang et est bénéfique en particulier pour le cœur. Elle facilite aussi la digestion. Elle stimule les reins.

Le triangle inversé – *Parivrtha trikonasana*

C'est une posture debout avec à la fois une flexion avant et à la fois une torsion, avec les jambes écartées.

1. La posture se pratique debout, les jambes franchement écartées. Les bras sont en croix, dans l'alignement des épaules, et les paumes des mains tournées vers le sol. Inspirez profondément en tendant les bras à l'horizontale.

2. En expirant, tournez le buste et le bassin vers la droite.

3. Posez la main gauche à l'extérieur du pied droit (ou à proximité). Le bras droit, qui est dans l'alignement du bras gauche, est tendu vers le haut. Le regard est orienté vers la main tendue ou devant.

Revenez à la position initiale au centre puis recommencez de l'autre côté. Répétez trois fois la posture de chaque côté.

- BIENFAITS -

Cette position assouplit le dos, développe la flexibilité de la colonne vertébrale, renforce les bras, les jambes, et la base du dos. La torsion masse les intestins en améliorant les fonctions digestives.

La tortue - *Kurmasana*

C'est une posture assise avec les jambes écartées en flexion avant.

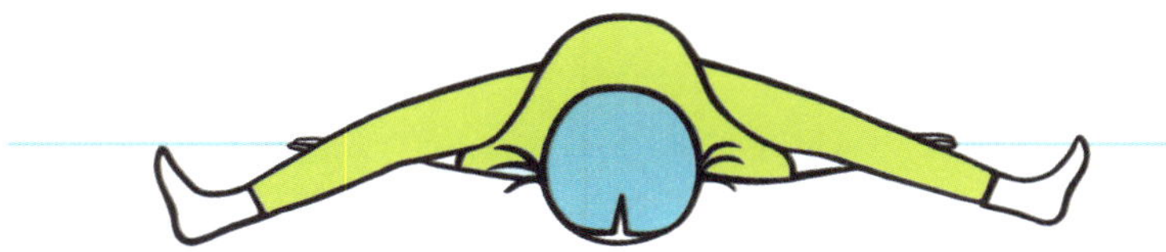

1. Asseyez-vous les jambes tendues devant vous. Écartez les jambes le plus possible, puis pliez-les légèrement.

2. Peu à peu glissez les deux bras sous les genoux, avec les paumes de main tournées vers le sol.

3. Penchez-vous en avant de manière à essayer de toucher le sol avec le menton en avançant les talons pour tendre les jambes et pour baisser le buste plus facilement.

4. Essayer de tenir quelques secondes en respirant normalement. Revenez progressivement en position initiale.

Répétez la figure trois fois.

- BIENFAITS -

Cette posture étire et assouplit le bas du dos. Elle ouvre les épaules, les hanches et facilite la flexion avant. Elle tonifie également les muscles du dos, des cuisses et de la hanche.

L'équerre – Étirement sur le côté avec jambes écartées – *Parivrtta Janu Sirsasana*

C'est une posture assise avec les jambes écartées, en flexion sur le côté.

1. Asseyez-vous avec les jambes bien écartées. Pliez la jambe gauche en mettant le talon près du pelvis et la plante du pied vers la cuisse droite. Gardez la jambe droite tendue.
2. En inspirant, levez le bras gauche vers le ciel. En expirant, penchez-vous sur le côté droit et essayez d'attraper le gros orteil du pied droit.
3. Mettez la main droite sur la cuisse gauche.
4. Respirez à votre rythme et maintenez la position entre trois à cinq secondes.
5. En inspirant, redressez-vous. En expirant, ramenez le bras sur le côté.

Faites la même chose en inversant les côtés. Répétez trois fois la posture de chaque côté.

Conseils

Si vous êtes souple, vous pouvez également attraper le gros orteil avec les deux mains. En cas de difficulté, dans un premier temps, vous pouvez essayer de vous pencher sur le côté en gardant le bras en l'air ou en essayant de toucher le mollet.

- BIENFAITS -

Cette posture stimule les organes abdominaux et assouplit le bas du dos, les muscles des jambes et des mollets. Elle améliore le jeu articulaire des hanches et des épaules.

L'arc - *Dhanurasana*

C'est une posture allongée sur le ventre avec flexion arrière.

1. Allongez-vous sur le ventre, les pieds tendus, les bras le long du corps.

2. Tout en inspirant, ramenez les talons vers les fesses en pliant les jambes.

3. Attrapez les chevilles avec les mains.

4. Levez la tête, le haut du corps et les cuisses, puis regardez devant.

5. Dans cette posture, ce sont les pieds qui étirent les bras et le corps, pour lui faire prendre la forme de l'arc.

6. Lentement, en expirant, revenez à la position initiale.

Répétez trois fois la posture.

- BIENFAITS -

Cette posture fortifie le bas du dos, le ventre, les cuisses, les bras et le cou. Elle améliore la flexibilité de la colonne vertébrale, la mobilité des hanches et des épaules. Elle masse également les organes abdominaux.

La colonne vertébrale et le dos

La moelle épinière est une bande de tissus, de nerfs et de cellules traversant la colonne vertébrale comme une couche protectrice. Les os de la colonne vertébrale sont appelés vertèbres. Ces dernières composent la colonne vertébrale s'empilant les unes sur les autres, de l'os pelviens au crâne. La colonne vertébrale comporte trois parties principales : cervicale (cou), thoracique (poitrine) et lombaire (bas du dos). La moelle épinière relie le cerveau à tout le corps via des réseaux de nerfs. Ils transportent les signaux du système nerveux central du cerveau vers le corps et vice versa. Ces signaux aident à ressentir des sensations et à bouger.

Le rôle du yoga sur la colonne vertébrale et le dos

Le yoga est un excellent moyen d'éviter les blessures et la faiblesse de la colonne vertébrale en la maintenant souple et forte. Les postures améliorent le lien entre la colonne vertébrale, la moelle épinière, le cerveau et donc tout le corps. Les muscles sont stables dans différentes positions, plus agiles. Le yoga évite les mauvaises positions au quotidien. Par ailleurs, les mouvements lents et la concentration continue sur une respiration appropriée peuvent améliorer les causes émotionnelles des maux liés à la colonne vertébrale, en aidant à réduire le stress et à atténuer l'anxiété et la dépression. Les postures étirent et renforcent les muscles, développent la flexibilité, la force et améliorent l'équilibre et la solidité des os de la colonne vertébrale. La tension musculaire diminue, tout comme le stress responsable de tensions dans le cou, le dos et la colonne. Le yoga offre donc des avantages physiologiques et psychologiques.

Le chat et la vache - *Marjaryasana*

C'est une posture à quatre pattes avec le dos cambré et courbé.

La vache

1. Asseyez-vous sur les talons puis mettez-vous à quatre pattes.

2. Placez les mains bien à plat au sol, alignez les épaules avec les poignets et les genoux avec les hanches.

3. En inspirant, relevez la tête vers le ciel et regardez vers le haut en creusant le bas de votre dos.

Le chat

1. En expirant, ramenez la tête entre les bras et les hanches vers l'intérieur, de manière à rentrer le nombril pour faire le chat en arrondissant le dos.

2. Répétez ces deux postures trois fois l'une et l'autre en combinant la respiration avec les mouvements alternatifs, vache dos creux et chat dos rond.

- BIENFAITS -

Cette posture relâche les tensions du dos ainsi que celles du cou. Elle fait aussi travailler la nuque, les bras, les épaules, le système digestif et les yeux.

La rivière ou la pince – *Paschimottanasana*

C'est une posture assise avec les jambes tendues en flexion avant.

1. Asseyez-vous avec les jambes allongées et bien tendues.
2. Gardez les pieds joints, avec les orteils pointant vers le haut.
3. En inspirant, levez les bras vers le ciel.
4. En expirant, baissez-vous et essayez d'attraper vos gros orteils.
5. Ne forcez pas et touchez les genoux avec le front si possible. Maintenez la position pendant quelques secondes en respirant à votre rythme.
6. En inspirant, redressez-vous et levez les bras au-dessus de la tête.
7. En expirant, ramenez les deux bras de chaque côté du corps.

Répétez la posture trois fois.

Conseils

En cas de difficulté pour toucher les orteils, utilisez une sangle ou une écharpe, que vous passerez autour des pieds, pour tirer par les extrémités.

- BIENFAITS -

Cette position améliore la circulation sanguine irriguant les muscles du dos. Elle étire tous ceux de l'arrière du corps, de la nuque jusqu'aux talons et les ischio-jambiers (muscles derrière la cuisse). Elle calme aussi l'esprit et aide à soulager le stress.

La roue – *Chakrasana*

C'est une posture pour les personnes souples. Mais les autres peuvent s'adapter en fonction de leurs souplesses du dos et de la force dans les bras et les mains.

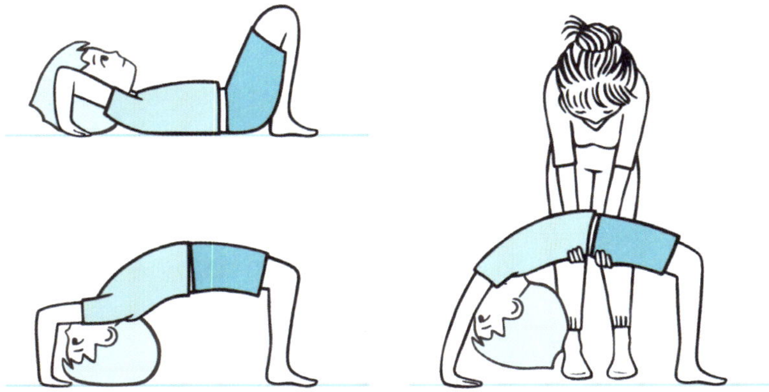

1. Allongez-vous sur le dos. Fléchissez les genoux en gardant les pieds à plat et en ramenant les talons vers les fesses.
2. Levez les bras au-dessus de la tête. Placez les paumes de mains au-dessus des épaules, les doigts pointant vers les pieds. Les coudes sont orientés vers le haut.
3. En vous appuyant avec les mains et les pieds, soulevez tout le corps, en reposant progressivement le sommet de la tête sur le sol.
4. Soulevez le bassin au maximum, en décollant la tête du sol. Le corps forme un pont arqué. Seuls les pieds et les mains sont en appui au sol.

Conseils

La roue est une posture très appréciée, et en particulier des enfants. Les premières fois, les parents peuvent les aider à soulever et à reposer ensuite très doucement le bassin. Pour les novices, le sommet de la tête peut rester en contact avec le sol. Ne vous forcez pas.

- BIENFAITS -

Cette position assouplit le dos, développe la flexibilité de la colonne vertébrale, renforce les bras, les jambes et la base du dos.

Le poisson allongé (variante en torsion) – *Supta matsyendrasana*

C'est une posture allongée en torsion de la colonne vertébrale.

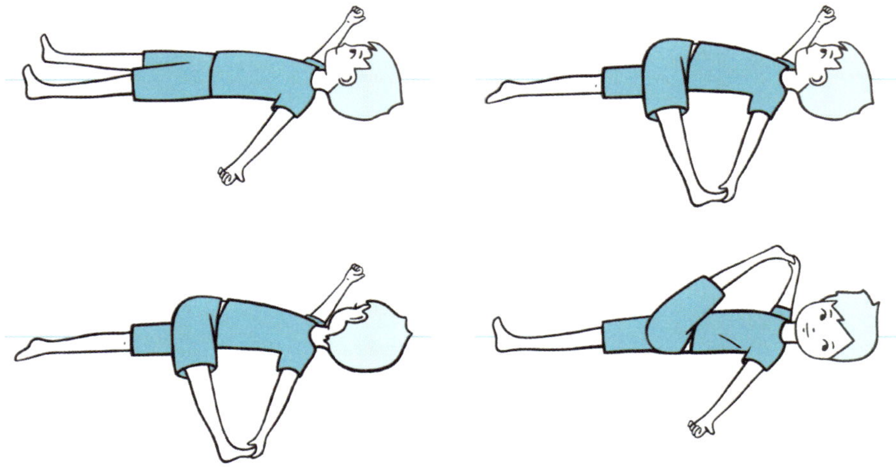

1. Allongez-vous sur le dos, les bras tendus de chaque côté (perpendiculaires au corps).

2. En tournant le bassin vers la gauche et en gardant la jambe tendue, ramenez le pied droit à proximité de la main gauche, afin d'attraper si possible le gros orteil.

3. Tournez doucement la tête du côté droit. Respirez profondément pendant quelques secondes.

4. Revenez en position initiale et inversez la torsion de la jambe et de la tête.

Répétez la posture trois fois en alternant les côtés.

- BIENFAITS -

Cette posture étire les muscles du dos et les fessiers. Elle détend les articulations des hanches et du dos, permet à la colonne vertébrale de s'étirer et de se réaligner. La torsion masse les intestins, et améliore donc les fonctions digestives.

Le vent – *Apanasana*

Cette posture peut se pratiquer en dynamique et/ou en statique, et comme une contre-posture après avoir réalisé la charrue (p. 97), la chandelle (p. 72) ou à la fin de la séance, avant la détente.

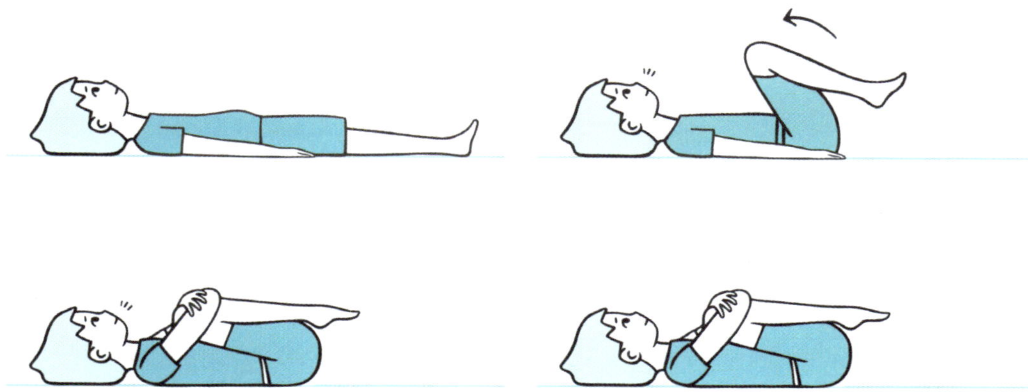

1. Allongez-vous sur le dos.
2. Pliez les genoux de manière à les ramener vers la poitrine.
3. Enlacez les jambes avec les bras. Maintenez la position quelques secondes.
4. Ensuite pour rouler comme un yoyo vous pouvez vous balancer devant et derrière avec un élan.
5. Revenez à la position allongée. Répétez trois fois la posture en dynamique et en statique.

Conseil

Si vous avez des difficultés pour vous balancer, vous pouvez attraper l'arrière des cuisses.

- BIENFAITS -

Cette posture étire le bas du dos. Elle permet à l'enfant de se détendre et d'avoir l'esprit au calme, tout en améliorant la digestion.

Les bras et les mains

Les bras et les mains sont constitués de nombreux os, muscles et ligaments différents qui rendent possible une grande quantité de mouvements exécutés tous les jours du matin au soir. Dans chaque bras se trouvent quatre parties principales : haut du bras, avant-bras, poignet et main. À cela s'ajoutent des groupes de muscles comme les biceps, les triceps et les avant-bras, eux-mêmes composés de plusieurs subdivisions musculaires. Ce sont certainement les parties du corps les plus complexes et les plus fréquemment utilisées. Dans les mains, il existe trois principaux types d'os : les phalanges, les carpes et les métacarpes. Les muscles du bras et de la main sont spécialement conçus pour répondre aux divers besoins du corps en matière de force, de vitesse et de précision tout en accomplissant de nombreuses tâches quotidiennes complexes. De plus, ils contiennent des artères, des veines qui véhiculent le sang et des nerfs qui transmettent les sensations à la main et aux doigts.

Le rôle du yoga sur les bras et les mains

Pratiquer le yoga permet de faire travailler de manière harmonieuse tous les muscles des bras et des mains. Certaines postures soulagent les muscles des mains, des bras et des épaules. En effet, le yoga aide à faire les mouvements de tous les jours en évitant certaines douleurs. Par exemple, des activités telles que soulever des poids nécessitant une force brute des muscles du bras, pourront être pratiquées sans difficultés. Elles renforcent aussi les parties liées aux bras comme les muscles des poignets, des bras, des épaules et du dos. En particulier, les postures aident à prévenir ou à guérir des problèmes articulaires tels que l'arthrite ou le syndrome du canal carpien. Elles améliorent les postures quotidiennes ou contribuent simplement à se sentir mieux. De plus, les postures de yoga favorisent la flexibilité et la circulation des flux dans les doigts, les mains et les bras.

Le toboggan-planche - *Kumbhakasana*

C'est une posture ludique qui démarre en position assise.

1. Mettez-vous en position assise avec les jambes allongées, les pieds joints et les orteils pointant vers le haut.

2. Posez les mains à plat sur le sol de chaque côté des hanches, les doigts dirigés vers les talons.

3. Fléchissez légèrement les genoux de manière à poser les pieds à plat sur le sol.

4. En inspirant, soulevez le corps en gardant les bras et les jambes tendus. Tout le corps est étiré avec la tête renversée/penchée en arrière et le torse bombé. Restez en position quelques secondes.

5. Revenez en position assise tout en expirant. Recommencez trois fois ces enchaînements.

Conseils

Pour le côté ludique, vous pouvez faire glisser une balle ou un ballon sur le toboggan. Levez une jambe si vous avez un bon équilibre. Puis alternez les jambes.

- BIENFAITS -

Cette posture tonifie la colonne vertébrale, renforce les épaules, les bras les poignets, les abdominaux, et les fesses et les cuisses.

Les bras - *Hasta Sanchalan*

Cet échauffement des bras se pratique en restant allongé. Il doit être suivi dans la détente, sans forcer.

Allongez-vous sur le dos et écartez légèrement les jambes, les bras tendus le long du corps. Décollez les bras du sol de quelques centimètres.

Premier échauffement

1. Par un mouvement semi-circulaire sur les côtés, ramenez et joignez les mains au-dessus de la tête. Entremêlez les doigts.

2. En les gardant entremêlés, retournez les paumes vers l'extérieur. Tout en faisant cela, étirez le corps, des mains aux pieds (pour vous aider, basculez la plante des pieds vers le sol).

3. Revenez en position initiale en effectuant le mouvement dans le sens inverse.

Deuxième échauffement

4. Puis, cette fois, levez les bras tendus vers le plafond, ramenez-les au-dessus de la tête.

5. Joignez les mains en entremêlant les doigts. Les doigts entremêlés, retournez les paumes vers l'extérieur. Tout en faisant cela, étirez le corps de la tête aux pieds. Revenez en position initiale en faisant le mouvement dans le sens inverse.

Troisième échauffement

6. Ensuite, décollez les bras tendus de quelques centimètres du sol. Par un mouvement semi-circulaire sur les côtés, ramenez les mains au-dessus de la tête.

7. Puis, en continuant ce mouvement circulaire, croisez les bras au-dessus du corps (à peu près au niveau du ventre) pour revenir en position initiale, les mains le long du corps.

8. Avec les deux bras, faites des mouvements circulaires croisés (« ciseaux ») au-dessus du corps, trois fois dans un sens et trois fois dans l'autre.

Reprenez chaque échauffement trois fois de suite avant de passer à la posture suivante.

- BIENFAITS -

Cet exercice renforce et assouplit les bras et les épaules. Il permet de bien « huiler » les articulations et d'entretenir les muscles.

1

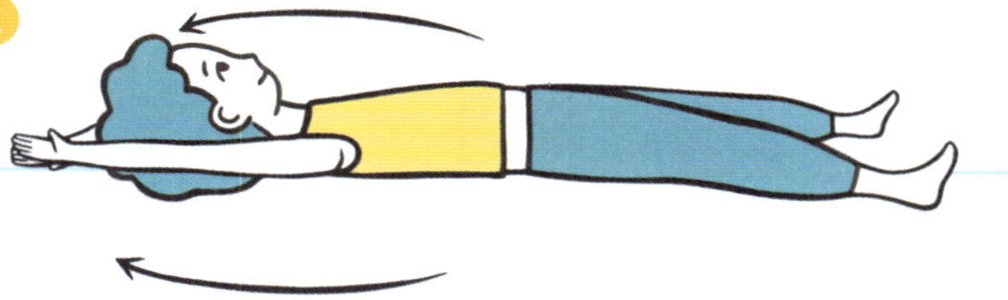

4

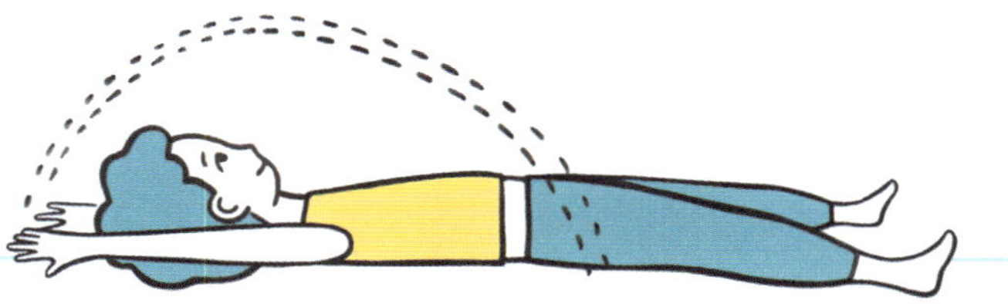

6

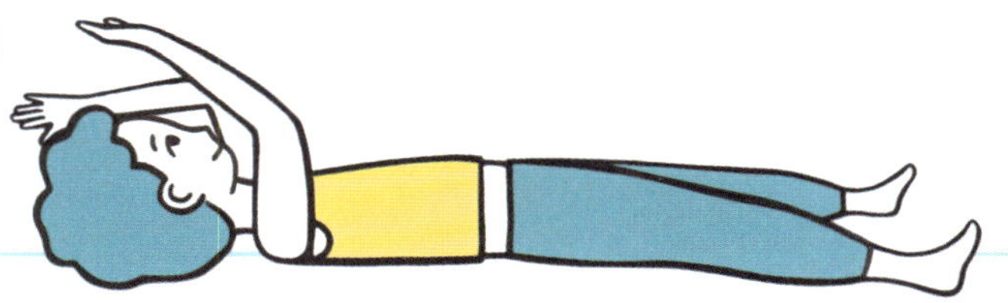

7

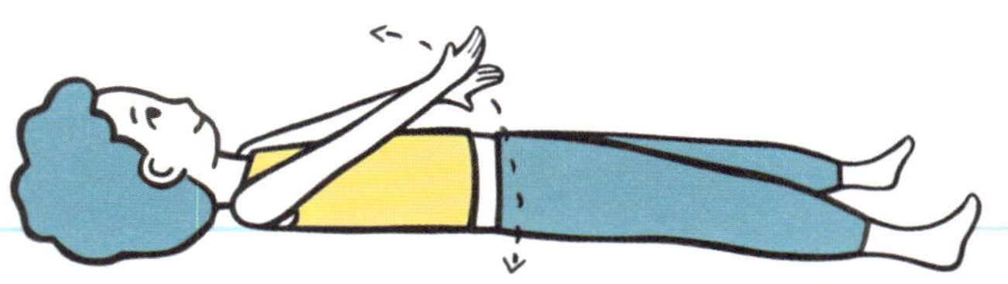

La table et sa variation – *Ardha Purvottanasana*

C'est une posture ludique et à quatre pattes qui démarre en position assise.

Variation

1. Asseyez-vous, les jambes tendues devant et légèrement écartées. Placez les mains au sol à côté des hanches, les doigts pointant vers les pieds. Pliez les jambes, les cuisses vers le buste.

2. En inspirant, soulevez le ventre vers le plafond pour se mettre en position de la table – si possible ramenez la tête en arrière. Essayez de maintenir la position pendant quelques secondes en respirant normalement.

3. En expirant, posez les fesses au sol.

Pratiquez trois fois la posture.

Conseils

Pour le côté ludique, vous pouvez poser un objet léger et stable sur le ventre, en essayant de ne pas le faire tomber.

Variante

Si vous avez un bon équilibre, tendez une jambe en la gardant parallèle au sol. Il faut alterner les jambes. C'est une variation de cette posture.

- BIENFAITS -

Elle assouplit le pelvis, les articulations. Elle renforce le cou, les bras, les poignets, les jambes, les épaules et l'abdomen. Elle ouvre les épaules et la poitrine.

Le cobra – *Bhujangasana*

C'est une posture allongée sur le ventre.

1. Allongez-vous sur le ventre. Resserrez bien les jambes.

2. Posez les mains au niveau des épaules, le front contre le sol.

3. En inspirant, soulevez le buste et regardez devant ou vers le plafond. Gardez les bras pliés à moitié.

4. En expirant, revenez à la position initiale, le front contre le sol.

5. Relâchez les muscles qui sont contractés.

Répétez cette posture trois fois.

- BIENFAITS -

Cette posture renforce la colonne vertébrale et les fessiers. Elle fait travailler la poitrine, les poumons, les épaules et l'abdomen.

Le tigre et sa variation – *Vyagarasana*

C'est une posture à trois pattes en équilibre.

1. Mettez-vous à quatre pattes, les mains dans l'alignement des épaules et les genoux dans celui des hanches.

2. Tout en inspirant, pliez et soulevez le genou droit de manière à avoir le pied pointé vers le plafond (comme pour former la queue du tigre).

3. Ramenez la tête en arrière pour voir le plafond (ou regardez droit devant). Gardez les bras bien tendus. Restez ainsi le temps de quelques respirations (au minimum trois).

4. Recommencez en changeant de jambe.

5. Répétez trois fois la posture en alternant les jambes.

Une variation de cette posture : attrapez le pied avec la main du même côté selon votre équilibre.

- BIENFAITS -

Cette posture stimule l'ensemble de la colonne vertébrale.
Elle tonifie les jambes, les bras, les épaules, les hanches et les cuisses.
Elle assouplit les muscles du dos et fait travailler l'équilibre.

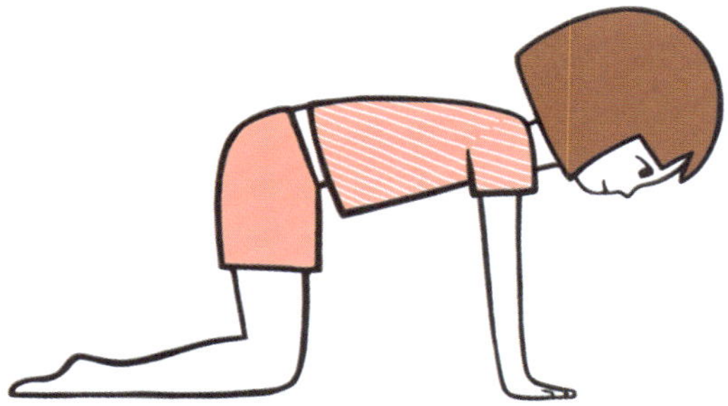

1

2

3

Les jambes et les pieds

Les jambes avec les pieds soutiennent le corps, pour le maintenir droit et stable. Ils assurent la locomotion avec de grandes possibilités de mouvements. La jambe se constitue d'une partie supérieure avec la cuisse, et d'une partie inférieure sous les genoux, la cheville et le pied. Les articulations des jambes, hanches, genoux et chevilles entrent aussi en jeu dans la stabilité de tout le corps. Les muscles des jambes sont, entre autres, les quadriceps avec les fémurs pour la cuisse, les ischio-jambiers avec les tibias.

Le rôle du yoga sur les jambes

Les postures debout utilisent la résistance du poids corporel pour renforcer, tonifier les muscles, les structures articulaires, améliorer l'équilibre, la stabilité, la force et la flexibilité. Les postures couchées peuvent aider à renforcer le bas du corps. Certaines postures peuvent contribuer au soulagement des douleurs aux jambes causées par la position debout.

Au fur et à mesure de la pratique, la capacité à placer et à maintenir le corps dans un alignement correct, à travailler tout le corps de la tête aux pieds se développera. Dans les postures de yoga debout, les jambes constituent la base. Garder la posture stable et la respiration douce, tout en maintenant un bon alignement, améliorera la capacité à la concentration et mettra à l'épreuve aussi bien les muscles que l'esprit.

Le triangle - *Trikonasana*

C'est une posture debout, penché sur le côté.

1. Mettez-vous debout, les jambes franchement écartées.
2. Inspirez profondément, levez les bras en croix dans l'alignement des épaules et les paumes des mains tournées vers le sol.
3. En expirant, penchez-vous latéralement du côté droit en posant la main droite à plat derrière le pied droit.
4. Le bras et la main gauche sont tendus, le regard dirigé vers le haut ou devant.
5. Revenez à la position initiale.
6. Recommencez de l'autre côté.

Répétez trois fois la posture en alternant les côtés.

Conseil

En cas de difficulté pour mettre la main au sol, mettez la main au niveau du genou ou du tibia selon votre souplesse, sans forcer.

- BIENFAITS -

Cette posture débloque les vertèbres. La torsion masse les intestins et améliore les fonctions digestives.

Les pieds – *Padha sanchalan*

Cet échauffement des jambes et des genoux se pratique en restant allongé, dans la détente, sans forcer.

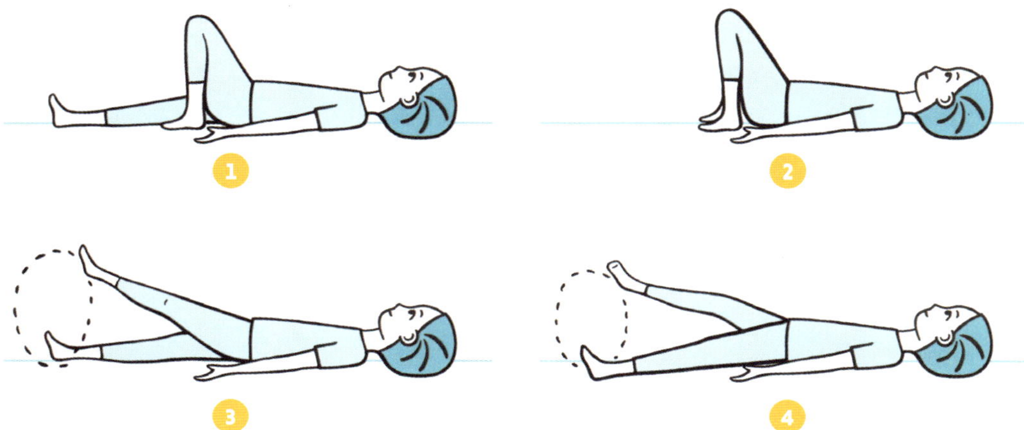

Premier échauffement des jambes

1. Allongez-vous sur le dos. Repliez la jambe gauche en gardant le pied au sol, de manière à coller la base du talon à la fesse gauche.

2. Repliez la jambe droite en gardant le pied au sol, de manière à coller la base du talon à la fesse droite. Repliez les deux bras et croisez-les sous la tête. Étirez tout le corps de la tête à la base du dos. Revenez en position initiale.

Deuxième échauffement des jambes

3. Levez la jambe gauche, faites un grand mouvement circulaire, lent et en souplesse. Répétez-le 3 fois dans un sens et 3 fois dans l'autre.

4. Reposez la jambe gauche et reprenez le même mouvement avec la jambe droite 3 fois dans chaque sens.

- BIENFAITS -

Ces mouvements assouplissent les cuisses, les articulations de la hanche, les genoux, les jambes et les chevilles. Ils permettent de bien « huiler » les articulations et d'entretenir les muscles. Ils renforcent également les muscles des jambes.

La chaise – *Utkatasana*

C'est une posture debout avec les genoux fléchis.

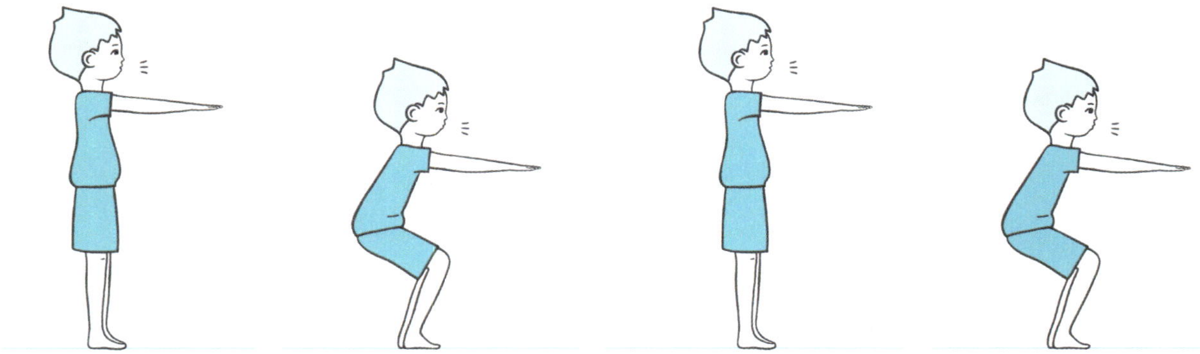

1. Debout, le dos droit, joignez les deux pieds, inspirez tendez les bras parallèlement vers l'avant ou au-dessus de la tête.

2. Fléchissez les genoux en expirant et faites comme si vous vous asseyiez sur une chaise et maintenez la position quelques secondes.

3. Inspirez, revenez les jambes tendues et expirez, ramenez les bras longs du corps.

Refaites ces mouvements 3 fois.

Variante

Selon votre souplesse du dos vous pouvez faire la variation torsion.
Inspirez, les mains collées devant la poitrine et expirez en fléchissant les genoux. Tournez le buste à droite de manière à caler le coude à l'extérieur du genou. Si vous avez un bon équilibre, mettez le pied droit sur le genou gauche. Restez quelques secondes. Soit, vous gardez les bras tendus, soit les mains collées devant la poitrine. Puis changez de côté

- BIENFAITS -

Cette posture étire la colonne vertébrale, renforce le bas du dos, les jambes, les cuisses et les plantes des pieds. Stimule le sens de l'équilibre, les organes abdominaux, le diaphragme, le cœur.

Le javelot-Guerrier II - *Veerabadrasana II*

Aidez votre enfant s'il a du mal à effectuer certains mouvements de cette posture.

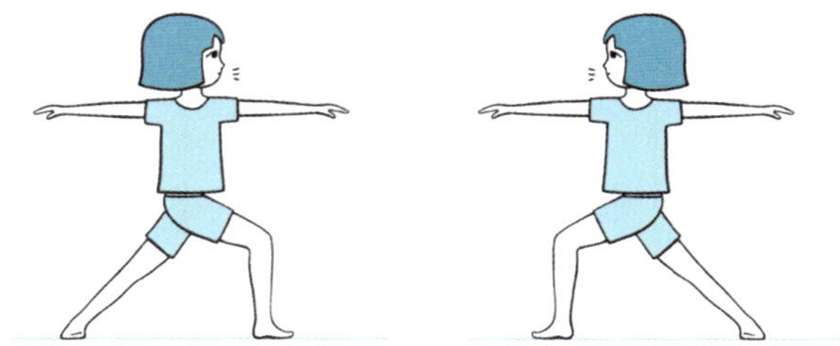

1. Commencez en position debout. Avancez la jambe droite et fléchissez-la. La jambe gauche, à l'arrière, est tendue.

2. Le pied avant est perpendiculaire à votre pied arrière qui doit rester à plat.

3. Tournez le buste de profil, sans bouger le visage.

4. Tendez le bras droit vers l'avant et le bras gauche vers l'arrière.

5. Restez quelques secondes dans cette position en respirant lentement. Revenez en position de départ.

Répétez 3 fois la posture en changeant de côté.

- BIENFAITS -

Cette posture développe la cage thoracique, elle ouvre les hanches, renforce les jambes, les mollets, les cuisses et les genoux. Elle étire la poitrine, les épaules, le cou, le ventre et l'aine. Cette pose fortifie également les épaules, les bras et les muscles du dos. Elle améliore l'endurance et la force, en particulier dans les jambes et les chevilles.

Le flamant rose - *jambe levée debout*

C'est une posture debout en équilibre.

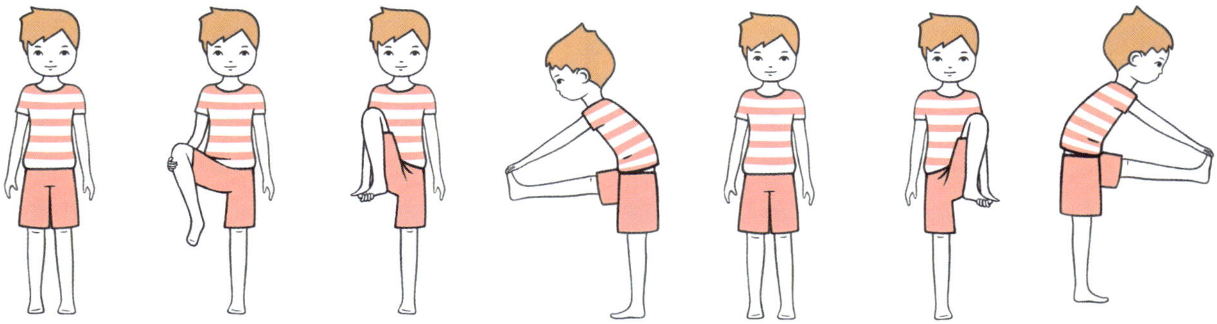

1. Commencez en position debout, les pieds joints, les bras le long du corps.
2. En inspirant, pliez une jambe devant avec le genou près du corps.
3. Vous pouvez tenir le pied avec les mains.
4. En expirant, si possible tendez la jambe devant, en fixant un point devant vous ou au sol pour garder un bon équilibre.
5. Inspirez, repliez la jambe et expirez, revenez en position initiale.
6. Refaites la posture en changeant de jambes.

Répétez la posture encore deux fois pour chaque côté.

Conseils

En cas de difficulté, restez avec la jambe pliée. Si vous souhaitez la tendre, attrapez derrière la cuisse. Si vous êtes souple, vous pouvez même toucher le genou avec le front.

- BIENFAITS -

Cette posture améliore et développe l'endurance et la force dans les jambes et les chevilles. Elle assouplit les hanches, le dos, les épaules. Elle renforce aussi les bras et les muscles abdominaux et du dos. Elle aide à la digestion.

Les nerfs

Le réseau de nerfs parcourt tout le corps. Les nerfs sont comme des câbles qui transportent des impulsions électriques entre le cerveau et le reste du corps. Ces impulsions aident à ressentir des sensations et à faire bouger les muscles. Ils maintiennent aussi certaines fonctions autonomes comme la respiration, la transpiration ou la digestion des aliments. Les nerfs sont l'une des parties fondamentales du système nerveux avec le cerveau et la moelle épinière. Ils sont composés de cellules nerveuses, appelées neurones, présents en particulier dans le cerveau et la moelle épinière. Il en existe deux types : les nerfs sensoriels transmettent des signaux au cerveau pour aider à toucher, goûter, sentir et voir ; les nerfs moteurs transmettent des signaux aux muscles ou aux glandes pour aider à bouger et à fonctionner.

Des actions quotidiennes répétées peuvent raccourcir et resserrer les muscles autour des nerfs provoquant ce que l'on appelle des adhérences. Être assis, travailler devant un ordinateur avec les épaules arrondies vers l'avant, peuvent inhiber la mobilité des nerfs périphériques (les nerfs qui descendent dans les bras et les jambes), qui traversent et se ramifient dans toutes les parties du corps.

Le rôle du yoga sur les nerfs

En faisant fonctionner les muscles en dehors de leurs habitudes, le yoga permet de garder les nerfs en bonne santé tout en alignant nos os de manière optimale. Il prévient les problèmes nerveux comme les adhérences neuronales pouvant provoquer de la faiblesse, de la fatigue, des engourdissements, des picotements, des brûlures, des restrictions dans l'amplitude des mouvements, des changements dans la vitesse des réflexes, un gonflement ou même des sensations de lourdeur ou de froid. Ainsi il est possible de favoriser les glissements neuronaux qui donnent de la souplesse au corps et de réduire la fatigue et le stress.

Abeille- *Bhramari*

En bouchant les oreilles avec les yeux fermés, vous allez expirer lentement par le nez et produire ainsi un son qui va venir vibrer dans le crâne. Vous vous transformerez en une abeille qui bourdonne.

1. Asseyez-vous avec les jambes croisées en tailleur ou confortablement dans la position que vous souhaitez.

2. Les yeux fermés, bouchez-vous les oreilles avec les pouces et posez les quatre autres doigts de chaque main sur votre crâne ou bien tout simplement bouchez-vous les oreilles avec les index.

3. Prenez une grande inspiration, puis tout en expirant, bourdonnez comme une abeille en faisant le son « mmmmm » très lentement. Le son doit être continu, la bouche fermée.

Variante

Bouchez-vous les oreilles avec les pouces, les index et les majeurs sont délicatement posés sur les yeux, les annulaires devant les narines pour pouvoir les boucher. Durant cette variation, vous pouvez respirer en alternant les narines. Inspirez par la narine droite, bouchez -la et expirez par la narine gauche. Changez de côté.

- BIENFAITS -

Cette technique aide à réduire le stress, l'anxiété, l'agitation, le sentiment de frustration, la colère, l'hypertension artérielle et les migraines. Elle améliore et fortifie la voix et contribue à éviter les maux de gorge et libère les sinus.

La méditation – *Ânapâna*

C'est une technique de base de méditation qui vient de l'enseignement du Bouddha.

1. Asseyez-vous dans l'une des trois postures suivantes : *sukhasana* (en tailleur), *vajrasana* (assis sur les talons), *padmasana* (lotus ou demi-lotus) ou dans une position confortable de votre choix, avec le dos droit.

2. Mettez les mains en position de *dyana-mudrâ* (voir p. 61) ou en une mudrâ de votre choix.

3. Avec les yeux fermés, concentrez-vous sur votre respiration naturelle telle qu'elle est sans la contrôler ni la modifier. Ceci n'est pas un exercice de respiration.

4. Observez l'air qui rentre et sort par les narines.

5. Prenez conscience de l'air froid qui rentre et de l'air chaud qui sort. Continuez ainsi au minimum pendant 5 minutes.

6. Même si des pensées vous traversent, revenez constamment sur votre respiration.

- BIENFAITS -

Cette technique vous permet d'apprendre à méditer sans aucune expérience ni guide. Elle améliore la concentration, évacue le stress et l'angoisse. Elle vous permet d'améliorer le sommeil et la mémoire.

La gnyana mudrâ – *mudrâ de l'intelligence*

Prenez un moment pour vous recentrer.

1. Asseyez-vous en tailleur ou dans une position confortable de votre choix, avec le dos droit.

2. Relâchez les muscles qui sont contractés, comme ceux des épaules et des jambes. Détendez bien vos sourcils.

3.Orientez les paumes des mains vers le haut. Joignez l'extrémité des pouces à celle des index. Gardez les trois autres doigts bien tendus.

4. Les yeux fermés, concentrez-vous sur la mudrâ et sur votre respiration naturelle. Restez concentré ainsi pendant 3 à 5 minutes. Si des pensées surgissent, continuez à juste à les observer pour qu'elle disparaisse toute seule. Ramenez toujours votre concentration sur votre respiration.

- BIENFAITS -

Cette mudrâ améliore la concentration et aide à la mémorisation. Quand il est pratiqué régulièrement, il favorise l'apaisement et apporte le calme dans l'esprit.

La Boîte – *Bharmanasana*

C'est une posture à quatre pattes avec une variation d'équilibre.

1. Mettez-vous à quatre pattes, les mains dans l'alignement des épaules et les genoux dans celui des hanches.
2. Gardez la colonne vertébrale parallèle au sol.
3. Tendez la jambe droite en arrière.
4. Puis, en expirant, revenez en position initiale à quatre pattes.
5. Recommencez en changeant de jambe.
6. Répétez trois fois de chaque côté la posture

Variante

Tendez le bras droit à l'avant et la jambe gauche en arrière. Refaites la figure en inversant le bras et la jambe.

- BIENFAITS -

Cette posture favorise l'écartement des épaules et du pelvis. Elle tonifie les cuisses. Elle stimule le système nerveux et les organes internes.

La détente assise - œuf/huile

Cette détente assise peut se pratiquer à deux.

1. Asseyez-vous au sol, les jambes croisées en tailleur ou sur une chaise. Le bas du dos doit être légèrement cambré pour que la colonne vertébrale soit bien droite. Relâchez les épaules, le cou et la mâchoire. Respirez calmement par le nez. Fermez les yeux pour une meilleure concentration.

2. La deuxième personne peut poser un poing, ou former un cylindre avec le pouce et quatre autres doigts, pour simuler un œuf le mettre sur la tête de la deuxième personne.

3.Tapez sur le rond avec la deuxième main pour casser l'œuf simulé. En même temps, vous pouvez expliquer que vous avez mis un œuf sur la tête et que vous l'avez cassé et qu'il commence à dégouliner (avec vos mains, simulez la sensation en touchant les parties du corps où l'œuf glisse) sur le visage, sur le crâne, les épaules, le tronc du corps devant en passant par le buste jusqu'au bas du ventre et le tronc du corps derrière jusqu'au bassin et en passant par les jambes jusqu'au pieds.

4. L'œuf cassé s'écoule depuis le sommet de la tête. Par la gravité, il va s'écouler et couvrir tout votre corps de la tête aux pieds. Ill va s'écouler devant, derrière, sur les côtés, du haut vers le bas, sans manquer aucune partie.

5. Essayez de ressentir le liquide qui glisse ou dégouline sur votre corps à travers chaque partie du corps du sommet aux pieds. À la fin, restez une minute pour observer votre respiration.

Conseils

La séance peut durer entre cinq et dix minutes. Les adultes peuvent guider les petits. Ces derniers vont adorer casser également l'œuf sur les adultes. Cette technique peut tout aussi être pratiquée sans toucher la personne, juste en utilisant la parole.

- BIENFAITS -

Cette technique aide à se détendre et à retrouver le calme. Une pratique régulière permet d'apaiser le rythme cardiorespiratoire, la pression artérielle, de réduire la tension musculaire. On peut l'utiliser avant une épreuve ou après un moment de tension.

La peau

La peau est le plus grand organe du corps, avec une superficie totale d'environ 2 m^2. Elle protège des microbes et des éléments extérieurs, permet la régulation de la température corporelle, les sensations de toucher, de chaleur et de froid. Elle comporte trois couches :

- l'épiderme, la couche la plus externe qui fait office de barrière imperméable et crée notre teint ;
- le derme, sous l'épiderme, contient du tissu conjonctif résistant, des follicules pileux et des glandes sudoripares ;
- le tissu sous-cutané plus profond appelé hypoderme est composé de graisse et de tissu conjonctif.

Le rôle du yoga sur la peau

Le yoga ne fera pas disparaître instantanément les boutons ou les cernes sous les yeux, comme il ne stoppera pas les effets du temps. Mais la pratique du yoga peut aider à se sentir mieux, et cela pourrait aussi aider à améliorer l'apparence. Les exercices de respiration, les techniques de médiation et la mudrâ qui agissent sur la peau. En méditant régulièrement et en faisant des exercices de respiration nous réduisons le stress et maintenons la peau tonique et jeune.

Le yoga du visage et les exercices de respiration stimulent la microcirculation et apportent plus d'oxygène aux cellules de la peau, rendant le teint plus équilibré, uniforme et éclatant. Le visage semble calme et serein, les yeux et les traits plus doux. Avec le temps, une pratique régulière du yoga peut remédier à certains des facteurs qui contribuent à l'apparence terne de la peau.

Le yoga peut diminuer le niveau de stress, réduire l'anxiété et même aider à mieux dormir. Ainsi mieux reposée, la peau peut paraître plus éclatante. Pendant un sommeil paisible, les cellules de la peau se réparent et se remettent du stress. Certaines postures, comme la flexion vers l'avant ou la tête vers le bas, déclenchent un afflux sanguin soudain vers la tête et le visage. D'autres poses n'agissent pas directement sur le visage, mais elles peuvent aider à ralentir la respiration, à calmer et à sentir le niveau de stress diminuer, ce qui peut encore avoir un effet positif sur l'apparence.

Le lièvre - Le serpent

Cet exercice peut aussi faire penser à un serpent.

1. Asseyez-vous sur vos talons, les jambes repliées. Tendez les bras au-dessus de la tête avec les paumes l'une contre l'autre. Baissez-vous complétement et posez les mains loin devant vous.

2. Vous allez faire le serpent et siffler comme lui. Relevez la tête lentement, tout en inspirant de l'air de manière continue, en faisant passer l'air entre la langue et le palais.

3. Une fois les bras arrivés à la verticale, revenez lentement vers le bas, tout en expirant et en sifflant de l'air sans discontinuer. Vous devenez le serpent qui siffle quand il se protège. Vous pouvez refaire cet exercice plusieurs fois, dans le calme.

- BIENFAITS -

La respiration et l'état émotionnel interagissent : le psychique influe sur la respiration et vice versa. Une bonne respiration vous permet de vous détendre.

La mudrâ solaire - *Surya Mudrâ*

Cette mudrâ est formée avec le pouce et l'annulaire.

1. Asseyez-vous dans une position confortable de votre choix, avec le dos droit.

2. Orientez les paumes des mains vers le haut. Repliez les extrémités des annulaires de manière qu'elles touchent la base du pouce de chaque main. Repliez les pouces par-dessus les annulaires en gardant les trois autres doigts tendus. Les mains peuvent ensuite reposer sur les cuisses ou les genoux. Les yeux fermés, concentrez-vous sur votre respiration naturelle, sans la contrôler ni la modifier.

3. Ceci n'est pas un exercice de respiration. Observez l'air qui rentre et sort par les narines. Prenez conscience de l'air froid qui rentre et de l'air chaud qui sort. Il y a une des narines qui est plus bouchée que l'autre. Restez concentré pour le ressentir et trouver par laquelle des narines vous respirez le plus. Concentrez-vous sur le torse et/ou le ventre qui gonfle et qui dégonfle, tout en dilatant et en contactant les poumons.

4. Vous pouvez également faire des allers-retours mentaux en parcourant de la tête aux pieds et des pieds à la tête pour méditer. Vous pouvez tout autant rester concentré sur la mudrâ et la respiration.

- BIENFAITS -

Cette mudrâ aide à redonner de la force physique, de la mobilité et de la vigilance.Elle favorise aussi l'élimination du mauvais cholestérol. Il est utile pour les personnes sensibles au froid, en maintenant la chaleur du corps.

La pensée positive (remerciement)

C'est une technique de méditation qui peut se pratiquer à tout moment

1. Asseyez-vous dans l'une des trois postures suivantes : *sukhasana* (en tailleur), *vajrasana* (assis sur les talons), *padmasana* (lotus ou demi-lotus) ou confortablement dans la position que vous souhaitez avec le dos droit.

2. Mettez les mains en position de *dyana-mudrâ* (voir p. 61) ou en une mudrâ que vous souhaitez.

3. Avec les yeux fermés, concentrez-vous sur votre respiration naturelle sans la contrôler ni la modifier. Concentrez-vous sur le torse et/ou le ventre qui gonfle et qui dégonfle, tout en dilatant et en contractant les poumons.

4. Pensez à des choses positives. Ayez de la bienveillance envers les autres et remerciez pour les choses que vous avez : la nature, les parents, les grands parents, etc.

- BIENFAITS -

Autant pour les petits que les grands, la pensée positive nous permet de développer la bienveillance. Cette dernière nous donne la joie qui réduit ou élimine nos soucis quotidiens. Souriez à l'intérieur comme à l'extérieur. Le sourire et la joie font travailler les multiples muscles du visage. C'est de loin beaucoup plus efficace qu'une action négative.

La baguette magique

Cette technique ludique de détente est très appréciée des enfants.

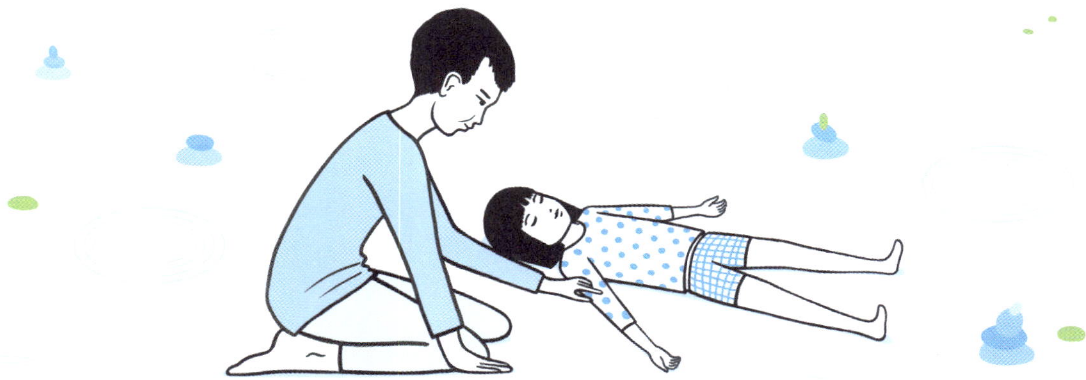

1. Allongez-vous sur le dos, les paumes des mains tournés vers le haut. Les bras et les jambes légèrement écartés dans une position confortable, sans se contracter.

2. Respirez à votre rythme avec les yeux fermés.

3. Les parents peuvent accompagner les enfants en passant sur leur corps, un objet doux ou un tissu imitant une baguette magique.

4. Touchez avec cette « baguette magique » chaque partie du corps de la tête aux pieds successivement, depuis le sommet de la tête aux pieds.

5. Vous pouvez à présent ressentir le corps allégé comme une fleur se balançant dans le vent au bout de la tige.

- BIENFAITS -

Cette technique de détente, non seulement permet de se relaxer, mais elle favorise également le ressenti d'apaisement au travers du toucher. Cela vous aide à visualiser chaque partie parcourue par la baguette magie, en entraînant le relâchement des tensions accumulées.

L'automassage

Frottez vos paumes de mains l'une contre l'autre avant chaque étape. Cet exercice peut être pratiqué le matin pour se dynamiser ou le soir afin de se détendre.

L'automassage de la tête et du visage

1. Tapotez votre tête avec vos doigts (d'une ou des deux mains) en partant du centre du crâne et en décrivant une spirale.

2. N'oubliez aucune zone du crâne. À l'aide du bout de vos dix doigts, frictionnez une dizaine de fois votre front du haut vers le bas (évitez d'appuyer trop fort pour ne pas vous donner mal au crâne).

3. Massez vos tempes avec la pulpe des doigts en effectuant de petits cercles. Massez doucement vos sourcils en suivant leur courbe. À partir de la racine du nez, massez en passant sur les pommettes (exercez une pression suffisante).

4. Avec les pouces et les indexs, appuyez une dizaine de fois les ailes du nez de haut en bas et de bas en haut. Avec l'ensemble des doigts, frictionnez une dizaine de fois vos joues de bas en haut uniquement. Au niveau du menton, frottez vers l'extérieur.

5. Attrapez vos oreilles entre les pouces (derrière) et l'index (devant) et frictionnez vigoureusement une dizaine de fois vers le haut. Avec les doigts des deux mains frictionnez ou appuyez de chaque côté de la base de la nuque à la base du crâne en faisant des mouvements horizontaux.

L'automassage des épaules, des mains et des membres supérieurs

1. Tendez le bras gauche droit devant vous. À l'aide de vos doigts de la main droite, tapotez le dos de la main gauche puis remontez en tapotant depuis la main jusqu'à l'épaule.

2. Redescendez en tapotant la face interne du bras, de l'avant-bras, du poignet et de la main. Répétez encore deux fois avant de changer de bras pour faire la même chose du côté droit.

Ensuite passez à l'automassage du thorax et du tronc du corps.

Tapotez le tronc du corps et la face avant et l'arrière du tronc du haut en bas. Au niveau du ventre et du dos, massez en spirale dans le sens des aiguilles d'une montre.

Terminez par un automassage des jambes.

Mettez-vous debout ou assis, les jambes écartées et légèrement pliées. À l'aide de vos doigts de la main, tapotez sur la partie latérale de vos jambes depuis les hanches jusqu'aux pieds. Remontez en tapotant des chevilles jusqu'aux hanches, cette fois-ci à la face interne des membres inférieurs.

Pour terminer, massez les orteils en attrapant entre les pouces et les indexs.

Conseils

Si vous souhaitez, vous pouvez conclure l'automassage par une détente. Frottez vos mains de façon à les chauffer puis placez-les en creux sur vos yeux fermés. Restez quelques secondes, puis étirer votre corps, les bras, les jambes, les pieds pour terminer. Vous pouvez utiliser une crème ou de l'huile pour le massage du visage.

- BIENFAITS -

Ce massage non seulement permet de détendre les muscles et d'assouplir les articulations, comme la plupart des massages, mais il offre en plus la possibilité de libérer l'énergie physique et de favoriser sa circulation dans l'ensemble de l'organisme. Les massages du visage, en favorisant la circulation sanguine, aide la peau à retrouver la tonicité et une bonne mine.

Index des exercices
PAR SYSTÈMES ET ORGANES

LES ÉDITIONS MANGO

- **Des auteurs spécialistes, des créations uniques**
- **Des ouvrages réalisés en France par des équipes passionnées**
- **Des objets de qualité conçus pour durer**
- **Des livres pour toute la vie !**

Retrouvez-nous sur Instagram
et sur Facebook : @mangoeditions

Direction : Guillaume Pô
Direction éditoriale : Tatiana Delesalle
Édition : Barbara Janssens assistée d'Alexiane Bargiel
Direction artistique : Chloé Eve et Clarisse Delande
Mise en pages : Élise Bonhomme
Illustrations : Oreli Gouel
Direction de fabrication : Thierry Dubus
Suivi de fabrication : Julia Mirenda

1re édition - N° d'édition : M23007
ISBN : 9782317031786
Code MDS : MN31786

Achevé d'imprimer en mars 2023 par Edelvives en Espagne

Dépôt légal : mars 2023
www.mangoeditions.com

Ce livre s'inscrit dans une démarche écoresponsable. Il est composé de matériaux issus de forêts bien gérées, certifiées PEFC™ et d'autres sources contrôlées. Cette certification garantit une empreinte carbone réduite et une gestion raisonnée de la forêt, qui maintient la biodiversité et protège les écosystèmes. Il est imprimé avec des encres à base d'huile végétale. Il a été imaginé et conçu en France, et imprimé en Europe.

Certifié PEFC
PEFC
PEFC/14-38-00260
Ce produit est issu de forêts gérées durablement et de sources contrôlées
www.pefc-france.org